Dans la même collection :

— *Au-delà de l'irréparable – Une vie d'enfant de l'affaire d'Outreau*, Jonathan Delay.

ISBN : 978-2-89239-386-6
Dépôt légal : deuxième trimestre 2021
Photo de 4e de couverture : Valentin Williet

Bibliothèque et Archives nationales du Québec
Bibliothèque et Archives Canada

Louise Courteau Inc.
410, St-Nicolas, suite 236
Montréal, Québec, H2Y 2P5, Canada
louise.courteau.inc@pm.me
www.louisecourteau.com

Michèle Bourton

À L'ÉCOLE DES CHATS

ou quand les animaux nous rendent humains

LouiseCourteau

À mon père, Jean Frison, dit « l'Ours »
(avril 1933 – janvier 2019)

Alors, est-ce qu'on ne pourrait pas, de nation à nation,
commencer par tomber d'accord sur l'amour
qu'on doit aux bêtes ?
De cet amour universel des bêtes, par-dessus les frontières,
peut-être en arriverait-on à l'universel amour des hommes.

Émile Zola

Avant-propos

Amie lectrice,

Ami lecteur,

Ce livre vise le cœur et l'âme de chacun de nous. L'existence nous réserve des moments difficiles, parfois insoutenables. Que faire, baisser les bras, se résigner ou avancer coûte que coûte ? Je devais témoigner.

Revenir sur ma naissance et ce qui suivit après avoir tenté de l'oublier pendant des années ne fut pas facile. Loin de là… Il fallait en passer par là pour parvenir à clamer haut et fort à ceux qui souffrent ou qui ont souffert que l'on peut offrir tant d'amour au monde.

À présent, je suis heureuse de m'être retournée sur les chemins que la vie, taquine, m'a fait prendre afin de témoigner qu'il est toujours possible pour nous, êtres humains, de sublimer le pire en ce qu'il y a de meilleur, voire de merveilleux. Dans cette autobiographie, je confirme que tout être vivant en est capable lorsqu'il a la chance de croiser les belles personnes et les êtres admirables de toutes les espèces qui lui indiquent, discrètement, les chemins à emprunter.

Enfant sauvage, je fus sauvée par ces animaux au-delà de l'extraordinaire que sont les chats. C'est grâce à ces félins que je peux et veux répandre, laisser éclater, offrir partout sur mon passage et pour tous ceux que je rencontre joie et bonheur de vivre.

Entrez chez moi, je vous y invite chaleureusement.

Michèle Bourton

P. S. : Tout ce qui concerne ma petite enfance, je l'ai appris par bribes de la bouche de ma mère, l'ai lu dans mon dossier de la DDASS, et me fut également rapporté par une assistante sociale et une psychologue des services de l'enfance à l'âge de vingt-et-un ans.

Je suis née le 12 mai 1958 à 21 h 30 à la maternité régionale de Nancy, en Meurthe-et-Moselle.

Les noms et prénoms des enfants et des adultes, y compris ceux de mes sœurs, ont été modifiés, à l'exception de Jean Frison, Georgette Weber, Fernand Bourton, Marcel Gilory, Françoise, Christian, Laurence et Anne Cuénin, François Serrier, Alain Aubrespin, Maria Jarcellat, Madame Joly, Paco, et Céline Brusa.

Première partie

DE ONZE JOURS À SEIZE ANS ET DEMI

L'enfance est le début de l'infini. Sans elle, pas de futur : c'est pour cela qu'elle dure pour toujours.

Auteur anonyme

Chapitre 1

Présentation de ma génitrice

Enfin... je vais essayer

Georgette Weber voit la lumière du jour le 22 janvier 1924 à Nancy. Sa mère, donc ma grand-mère maternelle, meurt deux mois après sa naissance et je n'ai pas l'ombre d'une idée de ce que devient mon grand-père maternel.

Toujours est-il que ma génitrice, orpheline, est abandonnée par le reste de sa famille et se retrouve en foyer d'accueil jusqu'à l'âge de la majorité, soit vingt-et-un ans à l'époque. Son frère unique, que je ne connaîtrai pas, est recueilli, lui, dans sa famille de sang. Ma mère ne se remettra jamais de cette injustice, et, dans le fond, je la comprends.

D'après ses affirmations, Georgette n'a pas reçu beaucoup d'amour. Je veux bien lui accorder ce crédit, car, en ce début de XXe siècle, il est souvent notoire qu'une famille d'accueil à la campagne accepte des enfants de la DDASS[1] dans le but de disposer de bras supplémentaires à la ferme. C'est le cas de ma mère, élevée pour assurer l'entretien de la maison, faire la cuisine, être apte à pratiquer des activités diverses telles que la couture, la lessive, le repassage, bref, toutes les tâches nécessaires à sa future vie de bonne ménagère... afin de rendre son promis heureux.

A-t-elle vraiment manqué d'amour ? A-t-elle été maltraitée comme elle l'a si souvent seriné ? Je désire en savoir plus... Alors, à dix-

---

1. DDASS : Direction départementale des affaires sanitaires et sociales. Ce terme est remplacé au milieu des années 1980 par l'ASE : Aide sociale à l'enfance.

huit ans, je pars à la rencontre de celle qui l'a élevée. Une dame âgée et malade me reçoit le regard doux et plein de bonté. Je me tiens debout à côté d'elle et découvre que celle qui n'était qu'une « mégère » dans le discours de ma mère est émue aux larmes de me voir. Mes yeux se mouillent aussi quand je réalise que cette femme aurait pu effectivement devenir ma grand-mère, si ma génitrice ne l'avait pas tant dénigrée. Ayant quitté la maison à vingt-et-un ans, elle avait refusé de donner de ses nouvelles, et même interdit à sa famille d'accueil de chercher à la revoir. Cette maman de substitution m'affirme que jamais la jeune fille ne fut maltraitée, malgré son comportement difficile à l'adolescence.

En quittant cette femme affaiblie, je suis anéantie, car je réalise être arrivée trop tard dans sa vie. Je n'aurai pas la chance de créer un lien d'affection avec elle, si heureuse de découvrir une fille de sa « petite Georgette ».

Née dans les épines

À l'âge de vingt-six ans, sans éducation autre que celle destinée à devenir une épouse soumise et obéissante, déjà maman d'une petite Marcelle, dont le père est inconnu, Georgette rencontre mon géniteur, Fernand Bourton. Ils se marient et l'époux offre son patronyme à l'enfant. Ils vivent une existence chaotique, dont je ne sais pas grand-chose, puisque ma mère ne me révélera rien.

J'apprendrai plus tard dans mon dossier de la DDASS qu'elle suivit cet homme de ville en ville et qu'il fut incarcéré à plusieurs reprises avant ma naissance. Nous avons tous une passion... La sienne consistait à boire et à cambrioler partout où le couple infernal débarquait.

Ils prennent le temps de faire trois enfants avant mon arrivée : Évelyne, née en 1953, Catherine en 1955, et Renée en 1956, toutes rapidement placées avec leur aînée Marcelle, en famille d'accueil pour cause de maltraitance. Ces quatre filles, transférées dans des foyers différents, mais dans le même village à la limite des Vosges, à Petitmont, connaissent au moins l'avantage de tisser des liens fraternels. Père et mère sont déchus définitivement de leurs droits parentaux peu de temps après.

N'ayant donc plus d'enfants à nourrir, papa et maman s'ébattent dans une balle de foin au mois d'août 1957, et j'ose espérer qu'ils connurent l'orgasme ! (en fait, « la balle de foin », je ne sais pas trop, mais comme ils sont tous deux employés de ferme, j'aime cette image romantique.)

Ce qu'il y a de certain, c'est que ma mère se retrouve à nouveau avec un Polichinelle dans le tiroir. Moi. Sa cinquième fille.

Lorsque je glisse neuf mois plus tard sur le terrain d'atterrissage à la maternité de Nancy, mon père est en réclusion criminelle pour deux crimes : le premier, pour avoir tenté de tuer un policier à sa poursuite ; le second, pour avoir essayé d'étrangler sa femme alors qu'elle m'attendait.

Ainsi, je choisis de naître en ce doux mois de mai, au moment où les roses s'épanouissent au milieu du printemps… mais moi, j'ai plutôt choisi leurs épines. En effet, selon ce qui est écrit dans mon carnet de santé délivré par la DDASS sous le numéro 9468 et édité par la Direction départementale de la population le 20 janvier 1960, je suis issue d'une femme profondément « illettrée et maltraitante, de santé médiocre » et d'un homme « éthylique ++, paresseux et violent ». Me voilà bien partie dans la vie ! Avec sa déchéance maternelle vis-à-vis de ses quatre premières filles, ma mère est alors particulièrement suivie sur le plan psychiatrique pendant que je grandis dans son ventre et ce, jusqu'à l'accouchement. Certes, tous les magnolias m'accueillent, ouverts et diffusant leurs senteurs parfumées, mais les saules pleureurs près du canal de Nancy versent déjà leurs longues larmes vers le sol.

Je nais donc le même jour que le coup d'État à Alger, qui marquera l'avènement de la Ve République. Aucun rapport avec mon histoire, mais j'aime le dire, car si je ne fus jamais collée à l'école sur cette date, c'est bien grâce à cette coïncidence.

À huit mois, à la pouponnière

Chapitre 2

Présentation de mon géniteur

Une rencontre parfaite

Comme tous les enfants sans père, je m'en crée un et l'idéalise. Quand les professeurs nous obligent à remplir à chaque début d'année cette fiche sur le métier de nos parents, comment écrire que moi, j'ai honte de la pauvreté sociale et culturelle dans laquelle je vis ? Alors, je mentionne que mon père est pilote de ligne et ma mère devient, dans mon mensonge, professeur de français afin que je m'autorise à lui placarder un autre visage que celui de la haine.

À vingt ans, j'entame des recherches : j'ai envie de savoir si je ressemble à mon père, envie d'enfoncer au moins un pied dans mes racines, envie de discuter avec lui. Je lance une procédure auprès du RIF (Recherche dans l'intérêt des familles) et j'obtiens une adresse où je peux le rencontrer. C'est à Mercy-le-Bas, en Meurthe-et-Moselle. Il est hébergé chez son frère, donc mon oncle, que je ne connais pas non plus.

Je m'y rends pleine d'espoir et découvre un petit homme assez maigre, aux yeux bleus très délavés et aux pommettes saillantes. Pas de doute, je lui ressemble comme deux gouttes d'eau : je suis en face de mon vrai père. Mais, imbibé d'alcool, il jure que jamais, au grand jamais, il n'a eu de fille prénommée Michèle.

J'avais imaginé découvrir un homme qui me prendrait dans ses bras. J'avais espéré qu'il me narre ce morceau d'existence avant ma naissance avec la femme qu'était ma mère. J'aurais voulu qu'il m'explique pourquoi elle était devenue folle — ou l'était-elle déjà quand il l'avait rencontrée ? J'aurais tant aimé qu'il me raconte son parcours de vie, non pas pour le blâmer, mais comprendre mes origines, là, sur le lino passé du salon de son frère. Mais rien. Pendant quarante-cinq minutes, il répète, les yeux rivés au sol :

— Je n'ai jamais eu de fille qui s'appelle Michèle.

Il fuit mon regard. J'ai envie de lui hurler que je suis là, devant lui et que notre ressemblance physique est une évidence. Cela ne servirait à rien. Je ne peux tenir plus longtemps. Je me sauve, totalement désespérée, écœurée par tant de déchéance humaine. Cette entrevue est un choc.

Nous faisons vaguement connaissance avec mon oncle, qui me raccompagne en bas de l'immeuble. Il me confirme que son frère ne savait réellement pas qu'il avait une cinquième fille.

Cette attitude et ce refus de reconnaître mon existence ébranlent mes rêves. Je réalise que celui que j'ai espéré si longtemps, ce pilote de ligne, ce père, n'existe pas. Je n'en ai pas, tout simplement.

Dans la rue, je m'effondre en larmes.

Au moins, c'est clair

Je revois une autre fois Fernand Bourton, chez ma sœur Catherine, qui réside au Luxembourg. Elle a effectué les mêmes démarches que moi auprès du RIF peu après mon expérience et le retrouve. Il vit dans la rue avec des cartons en guise de toit, son frère ayant fini par l'éjecter. C'est un homme malingre, courbé comme un petit vieillard, ravagé par l'alcool... sans modération, son éternelle compagne de vie.

Très émue de le rencontrer et touchée par sa situation lamentable, elle décide d'installer dans une jolie chambre de sa maison celui que nous aurions dû appeler « papa ». Elle espérait l'aider à se refaire une santé. Dès le deuxième soir, il avait vidé sa cave à vin.

Contrairement à moi, elle n'a pas pris ses jambes à son cou. Catherine réussit même à obtenir des témoignages d'affection de la part de notre père. Forte de son succès, elle m'invite à passer quelques jours chez elle afin que, moi aussi, je parvienne à communiquer avec lui.

— Michèle, s'il nie ton existence parce qu'il ne peut avoir aucun souvenir de ta naissance, en revanche, moi, avant d'être placée, j'ai vécu pendant trois ans avec eux. Peut-être arriveras-tu à créer ce lien et à te faire accepter comme étant aussi sa fille ?

Catherine me convainc d'essayer. Je monte au Grand-Duché avec ce dessein insensé dans le cœur. Ma sœur me prête une grande chambre. Je suis de nouveau désemparée, car mon père m'ignore et refuse la moindre discussion avec moi. Je n'existe pas dans son univers embrumé, impénétrable et perpétuellement éméché. Deux jours plus tard, il ne m'a accordé aucun signe de reconnaissance, mais, au moins, j'ai tenté quelques mots et gestes tendres. Oh, pas grand-chose ! Une main sur l'épaule, une attention pour son dîner... Bien mal m'en a pris.

Au soir du troisième jour, Catherine me laisse seule avec lui, car elle souhaite partir en week-end. Le ciel bleu nuit est caressé par des nuages cotonneux. Je dors déjà, couchée sur le côté gauche, la tête blottie dans mon confortable oreiller. Imperceptiblement, j'entends des pas légers. Mon cœur s'emballe, mais je ne bouge pas. La méfiance. C'est une gardienne qui me protège depuis toute petite. Je n'y peux rien. Elle m'habite. Je me réveille, car, comme les animaux, je ne dors que d'un œil. Quelqu'un s'assied sur mon lit. Je tourne enfin la tête et me redresse vivement. Fernand, ivre comme d'habitude, approche ses mains de ma poitrine et essaie de me caresser les seins. Horrifiée et prisonnière dans mes draps, je me débats en criant pendant qu'il répète :

— Mais je suis ton père ! Laisse-toi faire... Mais arrête, je suis ton père, il n'y a rien de plus naturel. Laisse-toi faire...

Je parviens à m'enfuir et me réfugier dans ma voiture. Nous sommes en pleine nuit et voilà que j'éclate de rire : il y a de quoi, car c'est à travers cet acte incestueux, heureusement manqué, que mon père a enfin reconnu que j'étais sa fille.

Au minimum le casse du siècle

Quelques mois plus tard, c'est lui qui me retrouve à Vandœuvre-lès-Nancy. La sonnette retentit. Chez moi, la maison est agencée de sorte que les pièces de vie se trouvent au premier étage. J'ouvre la fenêtre pour voir qui est là. Quelle n'est pas ma surprise lorsque je reconnais mon père, visiblement en pleine forme !

— Viens, me suggère-t-il du trottoir, j'ai un flingue. On va se faire un casse dans une banque.

Je suis terriblement choquée par cette invitation d'une élégance rare. Je ne vis pas dans ce monde-là. Alors, je lui intime fermement l'ordre de disparaître de mon espace vital. Notre minable communication aura duré trente secondes. Néanmoins, cette descente abrupte dans les abysses de la criminalité me bouleverse pendant plusieurs mois. J'ai honte d'être du même sang que cet homme. Je ne veux plus avoir le moindre contact avec lui.

En tout, nous nous sommes vus trois fois. Il n'y en aura pas de quatrième de son vivant.

Disparition… définitive

Pardonnez ma « vilenie », mais son décès à l'âge de soixante ans, le 27 octobre 1982, est une source de rires mémorables avec deux de mes sœurs.

D'abord, on me demande de venir « reconnaître » le corps à la morgue du CHU de Nancy-Brabois. « Reconnaître » quelqu'un que j'ai vu brièvement trois fois dans ma vie, dans un état lamentable et plusieurs années auparavant, est quelque peu prétentieux. Bref, j'accepte, car il faut bien en finir. Nous nous y rendons, Catherine et moi. Nous n'avons jamais vu de mort de près et sommes stressées, agitées. N'osant pas entrer dans la pièce, nous nous tenons chacune d'un côté de la porte en riant nerveusement.

Lorsque l'employé nous fait pénétrer dans la salle minuscule où le corps repose, nous découvrons un petit homme habillé d'une chemise déchirée et colorée, d'un jean bleu délavé, troué, bien trop court et d'immenses baskets. Au moins du 46. On dirait un clown.

Le fonctionnaire nous explique que le défunt, clochard, a été retrouvé mort d'une pneumonie dans la rue. Il est habillé avec les vêtements que l'hôpital lui a donnés. Un incontrôlable fou rire nous envahit en le voyant ainsi déguisé, fou rire qui choque celui qui attend que nous « reconnaissions » le corps. Évidemment, il ne peut deviner notre histoire.

Subitement, je marque un temps d'arrêt et découvre que le « clown » a été autopsié, car une ficelle grossière dépasse de la chemise bariolée, ouverte au niveau du sternum. Je ne pose aucune question, je m'en moque.

Nous sommes fort contentes que l'État prenne en charge l'inhumation de ce pauvre homme déchu de ses droits paternels et ayant persisté dans son obstination à nous ignorer au cours de ses dernières années. Toutefois, sa fierté lui interdisait-elle de paraître aux yeux de ses filles dans la situation où il était tombé ?

Trois à la messe

Dans la chapelle du CHU, il n'y a que Catherine, Évelyne et moi… Personne d'autre. Le vide autour de nous est impressionnant. Le fou rire remonte du plus profond de mes entrailles lorsque le prêtre prononce le discours approprié pour ce genre de sacrement, du style :

— Cet homme qui a tout donné pour ses enfants…

J'en passe et des meilleures. Face à mon comportement d'une euphorie largement déplacée pour lui, le prêtre se fâche et m'éjecte de la chapelle. Le problème est que mes deux sœurs, devant tant d'inepties, sont prises des mêmes symptômes que moi. Nous sommes congédiées toutes les trois et le prêtre continue seul à balbutier sa litanie.

Ensuite, nous suivons le corbillard vers le cimetière de Vandœuvre-lès-Nancy, au carré des indigents. Évelyne vient de jeter une rose sur la tombe. L'employé des pompes funèbres me tend un pot de fleurs et je ne sais qu'en faire. Alors, je pense qu'il faut le jeter aussi sur le cercueil dans le trou. Je m'exécute. L'objet crée un bruit sourd en atterrissant sur la dernière demeure de Fernand, ce qui déclenche une nouvelle et insoutenable hilarité devant les croque-morts ahuris. Impossible de nous calmer. C'est mon premier enterrement en tant que « proche ». Oui, comique, le substantif « proche ». Évelyne me glisse à l'oreille que ce n'est pas la plante qu'il faut jeter.

On me passe le goupillon, et donc, en toute logique, je le jette sur la tombe. Un des hommes en noir, ébahi, saute pour le récupérer. Le rire nerveux redémarre, irrépressible, même en essayant de penser à quelque chose de triste. Nous en avons mal au ventre. Aussi, les hommes, sérieux au départ, commencent à ne plus pouvoir retenir de larges sourires. C'est le moment que les nuages bas et menaçants choisissent pour crever, il se met à pleuvoir. Nous partons pour délivrer nos zygomatiques devant un café bien mérité.

Voilà ce que m'a apporté mon géniteur : un de mes plus beaux fous rires avec Catherine et Évelyne, que je connaissais à peine. Je ne savais presque rien d'elles, mais quel moment de joyeuse fraternité et de complicité !

Je ne connaîtrai de ma mère que la haine. Je ne connaîtrai de mon père que des questions sans réponse, ainsi que la déception.

Chapitre 3

Quand bébé arrive...

Un nourrisson dévasté

En 1958, lorsque l'on a déjà retiré à une femme ses autres enfants, on la maintient assez longtemps à la maternité, lieu sécurisant pour le nouveau-né, afin de l'accompagner et de l'aider à assumer cet énième bébé. Ma mère ne m'accepte pas, moi, la cinquième d'une fratrie entièrement féminine. Même les aiguilles à tricoter n'ont pas eu raison de ce désir de vivre du fœtus.

Durant l'accouchement, elle pleure à chaudes larmes devant la sage-femme en lui confiant qu'elle n'a plus aucune idée de prénom féminin et qu'on devrait me donner à quelqu'un d'autre. Immédiatement, elle pense que si elle renonce à cette maternité, on va aussi la forcer à signer un papier d'abandon pour ses quatre premières filles. Or, dans sa petite tête formatée par la société de l'époque, ma mère estime que c'est déshonorant. Ce n'est pas tant le fait qu'elle aime ses enfants que le jugement porté par ses voisins qui la retient. L'accoucheuse qui me récupère sur le tarmac médical lui propose de m'appeler « Michèle », car elle-même se prénomme ainsi.

Nous sommes le 23 mai 1958. J'ai onze jours seulement. Une infirmière entre dans la chambre de ma mère, attirée sans doute par les cris d'orfraie que je pousse de toutes mes forces. Pourquoi ? La faim ? Le besoin d'être changée ? Non. Elle découvre les draps maculés de sang et ma propre mère, paniquée, en train de me suspendre par la fenêtre du deuxième étage, nue, pour laisser s'écouler l'hémoglobine sur le goudron en bas.

Le personnel soignant saisit tout de suite l'horreur de la scène : ma génitrice vient de me mutiler, me rendant à seulement onze jours d'existence stérile à vie et handicapée au niveau de la vessie.

Son acte désaxé ne peut s'expliquer par la raison. Pour elle, chaque fille engendrée est synonyme de débauche. Une fille ne peut être, à l'âge adulte, qu'une « salope » qui se fera engrosser par les hommes les plus malintentionnés, ce qui fut son cas pour sa première grossesse. Alors, pour que je ne lui fasse pas honte en mettant au monde un enfant de père inconnu, elle décide d'anéantir dès le début ma féminité, celle qui ferait de moi une mère autant qu'une femme.

Les infirmières réussissent à raisonner ma mère pour qu'elle ne me lâche pas dans le vide. Pendant mon transfert aux urgences pédiatriques, elle est amenée par la gendarmerie à l'hôpital psychiatrique de Laxou dans la banlieue nancéienne, établissement qu'elle connaît bien, en attendant d'être une nouvelle fois jugée.

Au tribunal, elle est aussi incohérente qu'elle a pu l'être les fois précédentes :

— On m'a déjà volé mes quatre premières filles et je les aimais. Michèle est encore une fille et je ne veux plus de filles. Je veux qu'on me rende mes enfants que vous m'avez volées. Michèle, je ne lui ferai plus de mal, mais rendez-moi mes enfants.

Le tribunal, lui ayant en effet retiré ses quatre aînées pour mauvais traitements, prononce la déchéance maternelle définitive pour l'ensemble de ses cinq filles. Comme mes sœurs, je suis confiée jusqu'à ma majorité au service de la Population. Quant à ma mère, elle retourne immédiatement et bien encadrée à l'hôpital psychiatrique de Laxou.

Je ne me souviens évidemment pas, du moins consciemment, de ce 23 mai 1958, des tortures subies à l'âge de onze jours ni des réparations effectuées sur mon pauvre petit corps pendant les dix-huit mois où je suis soignée à la pouponnière de l'hôpital. C'est en effet le 12 novembre 1959 que je suis placée dans une famille d'accueil à Val-et-Châtillon, à trois kilomètres de Petitmont, où vivent déjà mes quatre sœurs aînées, dont je ne soupçonne pas l'existence.

Les services de la DDASS proposent plusieurs fois à ma mère de signer un acte d'abandon. Elle refuse systématiquement et s'en vantera souvent auprès de moi :

— Je n'ai jamais accepté de vous abandonner. C'est l'État qui a volé mes enfants et j'ai tout fait pour vous reprendre.

Ça... c'est sûr ! Malheureusement, elle est parvenue à ses fins, comme nous le constaterons par la suite.

En famille d'accueil

Lorsqu'ils reçoivent la petite fille d'un an et demi que je suis, les membres de ce foyer tentent sans doute de faire ce qu'ils peuvent en acceptant une enfant meurtrie sur tous les plans, voire déjà morte au niveau psychologique. Comment soigne-t-on un bébé à cette époque ? Pour les blessures physiques, on le raccommode. Pour la violence psychologique, rien... Pourtant, avec le recul, je crois que je fus heureuse dans cette famille.

Je me souviens que je vais à l'école du village calée dans le petit panier à l'arrière de la bicyclette de celle que je crois être ma vraie mère et que j'appelle « Maman ». J'utilise ce terme, car j'ignore qu'elle n'est pas ma mère biologique. « Maman » vit avec sa sœur et son mari. Si elle est sévère avec moi, ma « Tata » s'avère d'une tendresse inouïe. L'homme ne s'intéresse pas du tout à la fillette que je suis et nous ne nous parlons pas. Est-ce pour cela que je ne le nomme jamais « Papa » ? C'est trop loin dans ma mémoire pour m'en souvenir.

Maman n'est pas violente, il n'y a simplement pas d'affection ni dans ses mots ni dans le ton de sa voix. Je le comprends aujourd'hui, car ces parents de transition ne doivent jamais s'attacher aux petits qu'ils aident à grandir. Pour beaucoup d'entre eux, c'est un déchirement le jour où les enfants réintègrent leur foyer d'origine. Depuis que je suis adulte, je ne cesse d'admirer humblement toutes ces familles pour leur courage et leur abnégation.

Quelquefois, je rentre de l'école en tracteur, perchée sur le foin de la charrette. J'adore dominer les villageois de cette hauteur. À la maison, je me rappelle mon lit à barreaux, duquel j'essaie souvent de sortir seule, sans jamais y parvenir.

Un jour, je suis folle de joie : j'ai quatre ans et, comme souvent, j'accompagne ma famille dans les champs pour l'aider à récolter fruits et légumes. Maman m'annonce avec sa pudeur habituelle, sans me regarder :

— Tiens, cette partie de terre est à toi. Tu peux y faire pousser tout ce que tu veux.

Il doit s'agir d'un mètre carré, mais, pour moi, c'est le monde ! J'y plante des carottes et… elles poussent. C'est ma première réussite. J'apprends même, non sans mal, à traire les vaches. J'adore boire leur lait tout chaud.

La vie s'écoule ainsi entre mes réjouissances et mes peurs. Par exemple, j'ai horreur que Maman me coupe les ongles, car je crains qu'elle me fasse mal, ce qui n'arrive d'ailleurs jamais. Néanmoins, quelle angoisse quand elle m'assoit sur la table de la cuisine, les ciseaux à la main !

Quelle joie lorsque nous allons nous promener dans la forêt ! Les jeux d'ombre et de lumière m'émerveillent. Je les ai encore en mémoire. J'évite de faire craquer les brindilles pour avoir la chance de suivre un oiseau jusqu'à son nid ou d'apercevoir un petit mammifère se faufiler dans les buissons. Quel plaisir quand elle accepte que je m'installe encore dans la poussette alors que je sais marcher ! Quel espoir fébrile chaque soir d'apercevoir une trace d'amour vrai dans ses yeux lorsqu'elle me borde… Et quel bonheur quand j'entrevois dans son regard cette lueur de bonté, d'espoir et de sécurité, rare, hélas !

Horreur rouge

J'ai cinq ans et demi. Nous sommes en novembre 1963. Il fait beau, le pâle soleil diffuse une douce chaleur dans la grand rue où nous habitons, ainsi que dans la cour derrière la maison. Maman m'appelle à la fenêtre de la salle à manger au rez-de-chaussée qui donne sur la route. Elle m'aide à me pencher et me demande :

— Tu vois la dame qui vient de descendre du car et arrive chez nous accompagnée d'une petite fille ?

— Oui, je les vois. La petite fille a un beau manteau rouge.

— Eh bien, poursuit-elle, cette dame est ta vraie maman. Elle vient te chercher pour te ramener chez elle. Et l'enfant au manteau rouge, c'est ta petite sœur. Elle a trois ans et demi.

Pan ! Le coup de massue ! Totalement hébétée, je hurle :

— Non, c'est toi ma maman ! C'est toi !

Rien n'y fait et tout va très vite. Ma vraie mère entre dans la maison tenant la main de celle qui se révélera dans son innocence d'enfant l'une de mes principales tortionnaires.

Je perçois instinctivement dans le regard de cette femme inconnue une expression qui me glace le sang. La bienveillance est absente de ses yeux marron qui me promettent déjà l'enfer. Je n'ai jamais entendu cette voix qui m'ordonne :

— Dis « Bonjour Maman ».

Toujours ahurie, je réponds :

— Bonjour madame.

Et je prends ma première gifle. Je ne comprends rien à la situation et venant d'être frappée par une étrangère, je hurle de terreur. Ma tata me serre dans ses bras en pleurant et celle que je croyais être « ma maman » me pousse vers la sortie avec ma valise, ma vraie mère et le manteau rouge. En l'espace de cinq minutes, ma vie bascule de nouveau.

Jusqu'à l'âge de seize ans et demi, je ne serai plus jamais serrée dans les bras de qui que ce soit, comme ma tata vient de le faire en sanglotant autant que moi.

Je saurai plus tard qu'elles m'aimaient toutes deux profondément. De même, j'apprendrai des années après qu'elles étaient venues me voir à Nancy lorsque j'avais environ neuf ans. Ma génitrice m'avait cachée et les avait jetées dehors.

À trois ans, en famille d'accueil

Chapitre 4

Les dents de la mère

Aux portes de l'enfer

Dans la rue, sur le court trajet menant à l'arrêt de bus, ma génitrice me tire par la main alors que je me retourne désespérément vers « ma » maison. Je ne comprends tellement pas ce qui se passe… Je m'égosille en suppliant mon ancienne famille qui pleure devant la porte et agite ses mains en signe d'adieu. C'est un cauchemar, le mot est faible. Nous montons dans l'autocar pour Nancy. Comme je suis trop petite, ma nouvelle mère me soulève par le bras, brutalement, afin que je me hisse à l'intérieur. Sa violence est telle que je trébuche. Elle s'assied sur une banquette brune et râpée avec le manteau rouge à ses côtés, lequel m'examine comme une bête inconnue dans un zoo. Elle m'a jetée seule sur le siège leur faisant face. Défigurée par la méchanceté, elle me scrute. Son bras est assez près et rapide pour atteindre mon visage à chaque sanglot que je suis incapable de réprimer. Tout le long du trajet, qui va durer presque deux heures, je suis emmenée de gifles en gifles vers la demeure du diable. Je veux ma maman et ma tata. Je veux mes amis. Je veux mes jouets. Je veux me réveiller ! Mais cette bonne femme m'explique que, maintenant, elle va me « dresser », que je devrai l'écouter et que j'ai intérêt à faire tout ce qu'elle m'ordonnera de faire. Il n'y a plus de mots assez forts pour qualifier mon chagrin quand elle affirme :

— Et arrête de chialer. Tu ne reverras plus jamais ces sales gens qui t'ont mal élevée. C'est moi ta mère. Ils t'ont volée, mais maintenant, je vais te dresser comme il faut !

Chacun de mes spasmes est ponctué d'une puissante claque.

Le véhicule est presque plein, mais personne ne vient interrompre ma mère dans sa colère ou sa folie... Les voyageurs nous jettent des coups d'œil furtifs, mais gardent prudemment leur distance. La sorcière de mes contes existe vraiment et je suis dévastée. Si je ne reçois aucune aide dans ce car, c'est que tout doit être normal.

Arrivée à Nancy, je découvre l'appartement. J'ai l'habitude de la campagne, de ses grands espaces et de mes jeux dans la nature. Or, mes yeux embués révèlent un quarante mètres carrés au deuxième étage d'un immeuble qui en compte trois. Deux logements par étage qui se partagent des toilettes sur le palier. Il s'agit de ces immeubles dont les murs des couloirs sont peints de deux couleurs ternes pour séparer le haut du bas. Je déteste immédiatement. J'entre donc dans le logis de la sorcière et du manteau rouge. En face de moi, une porte s'ouvre sur un grand cellier dépourvu de fenêtre. À ma droite, la cuisine est aménagée d'un imposant fourneau à charbon, d'un buffet, d'une table et de quatre chaises. À ma gauche, dans la salle à manger se côtoient un bahut, une table ronde et le lit de mes nouveaux parents. Et dans cette pièce, une porte donne sur la petite chambre que ma sœur doit partager avec moi. Faisant face à une grande armoire en bois foncé, notre lit pour deux personnes nous attend contre un mur.

Un homme entre. C'est Marcel Gilory, mon beau-père, le mari de ma mère. Il m'observe juste quelques secondes. Elle me somme de l'appeler « Papa ».

Mort subite de la petite enfance

J'ai cinq ans et demi, et quelque chose de profond en moi meurt pour la deuxième fois en ce 6 novembre 1963, la première ayant eu lieu à la maternité le 23 mai 1958. Je suis incapable d'analyser la situation en raison de mon âge. Je ressens une gigantesque fracture : je réalise que rien ne sera plus jamais comme avant. Ma mère me confisque immédiatement le droit de parler, de sourire et, par-dessus tout, de pleurer. En revanche, elle m'oblige à tout ranger dans le minuscule appartement, à faire la vaisselle (je suis si petite que je dois monter sur un tabouret pour atteindre l'évier), faire les lits, la poussière, passer le balai, etc. Comme vous vous en doutez, j'absorbe tout comme une gamine de cinq ans et demi, sans vie, comme un robot qui n'a jamais connu ce climat de froideur, de méchanceté et de haine. Quatre jours après mon arrivée, je suis déjà marquée sur tout le corps à cause du martinet, du ceinturon (avec la boucle bien sûr, car c'est mieux !), bref, des coups que me mère me distribue chaque jour pour me « dresser », ainsi qu'elle me l'a promis dans l'autocar.

Les moments de trêve physique et morale me sont offerts par l'école. Intégrée en dernière année de maternelle, je me souviens qu'il faut coudre un petit napperon gris et fade. Le mien est désastreux, car, arrivée en cours d'année, je dois rattraper un travail auquel je ne comprends pas grand-chose. La maîtresse me prend aussitôt en grippe. Est-elle seulement au courant qu'elle accueille dans sa classe une petite complètement ahurie, terriblement malheureuse et traumatisée à vie ?

Lorsque je suis trop marquée au visage, ma mère me cache. Donc, en plus, je suis régulièrement absente à l'école. Mon désespoir total est également nourri par l'immense affection que porte la mégère à ma petite sœur. Voilà l'histoire de sa naissance avant que je n'intègre ce climat de haine.

Le bon docteur Christophe

Médecin généraliste installé à Laxou, dans la banlieue de Nancy, il visite aussi les malades de l'hôpital psychiatrique, juste à côté de son cabinet, où ma mère est internée depuis le 23 mai 1958.

Nous sommes en octobre 1959. Lors d'une visite de routine, il ausculte si consciencieusement ma mère que… dans un moment d'égarement… il lui offre une sixième fille ! Le manteau rouge porte donc un prénom : Alice. Elle naît le 5 juillet 1960, deux ans après moi. Cette fois, ma mère se réjouit de cette ixième naissance féminine, car une seule attention charnelle suffit à lui faire croire qu'elle est aimée de cet homme bien sous tous rapports.

Lorsqu'il apprend la grossesse, ce « bon médecin » se demande quoi faire, car il est déjà en charge de sa propre famille. Or, l'avortement est interdit. Ma mère le fait beaucoup pleurer en serinant ses idées de folle. « Le tribunal lui a volé ses cinq enfants. Elle veut les récupérer et sortir de cet hôpital. » Comprenant la gravité du chantage à peine dissimulé, le docteur Christophe accède à toutes les réclamations de cette grande malade. Ce serait tout de même gênant que sa femme et ses enfants apprennent qu'il est papa à cause d'un moment de jouissance fugace avec une femme si dérangée qu'elle en est même reconnue extrêmement dangereuse dans son dossier médical.

C'est ainsi qu'il va l'aider à divorcer de Monsieur Bourton, toujours incarcéré, lui trouver un autre mari et un petit deux-pièces à Nancy, au numéro 1 de la rue du docteur Liébeault. Il réussit même à convaincre les psychiatres de la guérison miraculeuse de leur pensionnaire ! Il paie les honoraires d'un avocat et obtient le divorce. Un de ses patients, souffreteux et doté d'un intellect limité accepte tout de suite l'idée du mariage… avec tout ce qu'il comporte de devoirs conjugaux et les promesses de réjouissances à venir. C'est ainsi que ma mère adopte désormais le patronyme de Marcel Gilory, brave ouvrier sans une once de méchanceté, mais à la personnalité faible.

Ensuite, pour la satisfaire, le généraliste prend financièrement en charge sa jeune pousse. Ce n'est pas assez : ma mère veut qu'on lui rende les enfants qu'on lui a « volées », clame-t-elle. Le bon docteur Christophe demande à l'équipe psychiatrique une attestation prouvant sa réhabilitation, afin d'annuler sa déchéance maternelle. Alors, les services sociaux lui ramènent dans un même paquet les trois filles aînées, « pour commencer », annoncent-ils : Marcelle, douze ans, Évelyne, dix ans, et Catherine, huit ans. Ne faut-il pas être irresponsable pour déstabiliser ces fillettes qui vivent heureuses dans leur famille d'accueil et les loger chez une inconnue, quand bien même cette femme est celle qui leur a donné la vie ? Surtout, ces trois aînées sont accueillies dans le fameux deux pièces-cuisine. Les voici donc à quatre, avec la très jeune Alice, dans une petite chambre. Nous sommes au début de l'année 1963 et je ne me doute encore de rien, moi qui vis à Val-et-Châtillon.

Dès la première semaine, les trois grandes subissent leur lot de maltraitance et de sévices. À l'issue de sept jours, Marcelle, du haut de ses douze ans, décide de s'évader avec ses cadettes à Petitmont. Elles emportent avec elles des fractures et des épingles à nourrice enfoncées dans le corps, les mauvais traitements de notre mère... Les familles d'accueil les récupèrent avec joie et préviennent aussitôt les services sociaux du retour des filles... et de leur état physique. Elles sont interrogées et racontent leur calvaire d'avoir vécu une semaine avec une « folle », diront-elles. Et pourtant... Face aux fausses larmes de ma mère, et malgré l'échec du retour de mes trois sœurs à la maison, voici ce que propose l'assistante sociale : lui rendre la petite Michèle.

— En effet, assure-t-elle, cette gamine de cinq ans est bien trop petite pour s'échapper.

C'est authentique. C'est difficile de narrer l'inénarrable. Ces choses-là ne s'inventent pas. C'est écrit noir sur blanc dans mon dossier. L'incompétence des services de la DDASS relève littéralement du crime.

Le tribunal lui accorde donc le droit de me récupérer… à l'essai.

Quant à ma petite sœur, Alice, elle ne sera à aucun moment maltraitée ; au contraire, elle recevra toute l'affection dont notre mère est capable. La raison en est simple : le docteur Christophe, qui connaît parfaitement la santé mentale de ma mère, l'embauche comme femme de ménage, afin de l'avoir à l'œil et s'assurer que sa petite illégitime n'est pas martyrisée.

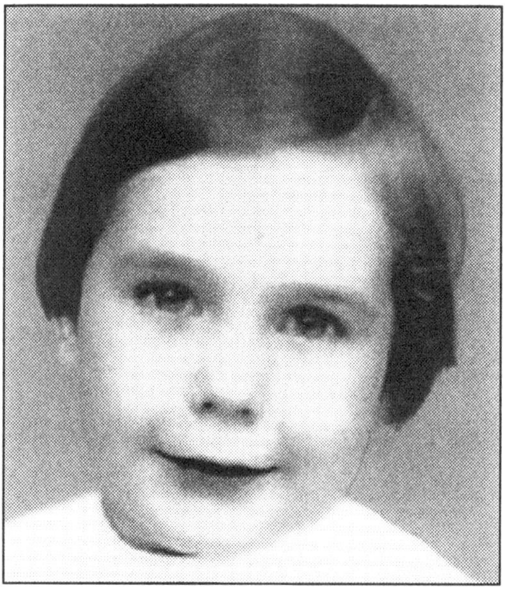

À six ans

Chapitre 5

Le dressage en bande organisée

Bourreau des sœurs

Ma petite sœur, gamine infecte, est extrêmement capricieuse du haut de ses trois ans et demi. Il faut reconnaître qu'elle est adulée par ma mère et tout lui est permis. Évidemment, la gentille petite Alice n'est pas un « déchet » née du meurtrier Bourton, mais la fille du bon docteur Christophe.

Mon beau-père, Marcel Gilory, ne la supporte pas, mais fait preuve d'une indifférence totale vis-à-vis de moi et des mauvais traitements que ma mère me fait endurer. C'est un faible, un homme fragile au teint jaune, qui rapporte le salaire à la maison et, finalement, a d'autres problèmes à régler : il lutte pour sa propre survie. S'il a le malheur de prononcer un mot non recevable par sa femme ou de s'énerver contre Alice, il est roué de coups lui aussi. C'est ma génitrice la dominatrice de ce minable foyer. Elle en est la reine et s'occupe de sa maison lorsqu'elle ne fait pas le ménage chez le papa de sa petite intouchable. Celle-ci sera chouchoutée durant toute son enfance et son adolescence.

Hélas pour moi, elle se transforme en complice de ma mère dans la maltraitance qu'elle m'inflige quotidiennement. À trois ou quatre ans, Alice ne se contente pas de me dénoncer pour des bêtises qu'elle réalise elle-même : dès que sa mère lui demande son aide pour me ligoter, elle se précipite par amour. C'est ainsi que la fillette se fait une joie jusqu'à son adolescence de l'aider dans son travail de torture, autant physique que psychologique. Elle rit quand je pleure de souffrance à genoux pendant des heures sur le parquet de la salle à manger. Elle ricane quand j'ai mal. Majeure, consciente et rongée par le remords, elle deviendra assistante sociale et suivra une psychanalyse durant huit ans qui ne la guérira pas. Nous ne nous sommes revues qu'une seule fois à l'âge adulte.

Dernière rencontre avant le ciel

Elle me rend visite à Metz, où je travaille. C'est un bel après-midi de printemps. La terrasse sur laquelle nous nous installons pour boire un café est baignée de soleil. C'est le genre de journée qui amène les gens à laisser leurs gros manteaux chez eux, comme s'ils se dépouillaient enfin de l'hiver. La gêne nous rend muettes pendant quelques minutes. Enfin, elle ouvre le dialogue en me parlant de ses enfants, que je ne connais pas. Je me demande ce que nous faisons là. Puis, petit à petit, elle me confie à quel point elle se sent coupable de ce qu'elle m'a fait subir, à quel point elle ne parvient pas à vivre avec l'idée d'avoir été mon bourreau. Ce sont ses mots. Elle ne supporte pas d'avoir été cette complice involontaire et innocente. C'est un supplice pour elle.

Comment pouvait-elle se construire psychologiquement dans ce contexte ? Pour toute réponse, je lui souris. Dans mon for intérieur, je me demande jusqu'à quel degré sa complicité est involontaire et innocente. À douze ou quatorze ans, avec de l'amour à ne plus savoir qu'en faire, est-on vraiment innocent ? Je ne sais pas. Sent-elle mes pensées dubitatives pendant que je la regarde en souriant pour la réconforter ? Je sais déjà que c'est la dernière fois que je la vois. Je suis un peu chagrinée en réalisant que jamais nous ne pourrons éliminer ce malaise et que nous ne nous parlerons plus de cette mère toxique.

Par mail, Alice me demande de ne la contacter sous aucun prétexte. Son vœu le plus ardent est de ne plus jamais entendre parler de la famille Bourton. Cela tombe bien, car je ne désire pas spécialement fréquenter cette jeune femme traumatisée. Je suis néanmoins étonnée à la réception de ce courriel, car si nous nous sommes entretenues brièvement à Metz, c'était de sa propre initiative.

Son aspiration sera tristement exaucée : Alice se suicidera avant de nous être revues. Je ne l'apprendrai que plusieurs années plus tard. Je lui souhaite de se réincarner dans une vie meilleure... mais pas dans la même famille que moi tout de même.

La mort du père Noël

Je n'ai pas encore six ans. Cela fait juste un mois que je vis dans cet enfer, mais j'ai de l'espoir, car je sais que le père Noël viendra bientôt. Un jour de décembre 1963, alors que ma mère me « dresse » comme chaque jour et fait danser le ceinturon sur ma détresse avec sa haine, elle me « crache » que le père Noël n'existe pas pour les filles de meurtriers. Je ne sais pas ce qu'est un meurtrier et ne peux le demander, puisque les questions me sont interdites. Estomaquée par cette révélation, mes pleurs me font suffoquer, tandis que les coups pleuvent, me faisant valser d'un mur à l'autre jusqu'à ce que je parvienne à lui obéir : je dois rester stoïque et ne plus pleurer, même quand ses mains grandes comme des battoirs me frappent à toute volée. Je dois apprendre à sourire et à respirer normalement pour lui faire plaisir. Comment ai-je pu y parvenir ? Grâce à l'instinct de survie ? Je ne sais pas, en tout cas j'y parviens au moins ce jour-là.

En un mois, je perds « ma famille », je réalise que cette sorcière me gardera jusqu'à me tuer et que le père Noël n'existe pas. Combien d'enfants seraient devenus inaptes à la vie, désaxés, incapables de grandir ? La gamine que je suis ne consulte ni psychiatre, ni assistante sociale, ni médecin. Je n'ai affaire qu'à mon bourreau. Et ma vigilance à l'égard d'Alice ne doit jamais faiblir. Je ne veux déjà plus vivre, mais je suis encore trop jeune pour en avoir conscience et être capable de l'exprimer.

Ce même soir de décembre, la mégère ouvre brutalement la porte de la chambre où je me terre, les genoux repliés sous les bras. J'attends les coups. Elle doit être fatiguée, car elle se contente de crier à mon adresse :

— Pour ne plus voir ta sale gueule affreuse et mauvaise comme celle de ton père, à partir de maintenant, tu dormiras dans la cave !

Photo de classe en CP,
à gauche et avec les genoux abîmés

Chapitre 6

Ma chambre rien qu'à moi !

Bienvenue dans les ténèbres

Je pleure à nouveau. Après m'avoir presque assommée, ma mère s'empare d'un immonde et bruyant trousseau de clés pendu à un clou près de la porte d'entrée. Elles sont longues comme celles dont les geôliers d'antan se servaient pour ouvrir et fermer les cellules. Le bruit de ce tas de fer me marquera à jamais et, aujourd'hui encore, j'ai des difficultés à fermer une porte à clé. Je suis profondément claustrophobe.

Ma mère me traîne par les cheveux sur trois étages, jusqu'à la cave au sous-sol. Elle y fait entasser du charbon qu'elle remonte à l'aide d'un seau pour chauffer l'appartement l'hiver. Jamais je n'y descendrai sur mes deux jambes. Lorsqu'on arrive en bas, la saillie des marches en béton me fait encore plus mal que celle de l'escalier en bois des étages à chaque fois que mon corps disloqué rebondit par terre. Je hurle de douleur et de terreur. Que vais-je découvrir et quand va-t-elle me lâcher ?

Elle me tire ensuite dans un passage sombre que je perçois comme le couloir de la mort. C'est l'accès aux caves de l'immeuble. Le sol est en terre battue, gris et humide comme les murs. L'odeur infecte de la moisissure et de la crasse s'imprègne à jamais dans ma mémoire olfactive. Nous passons devant plusieurs « chambres d'hôtes » avant d'arriver à la mienne, au fond du corridor lugubre. Je découvre cet univers la tête à l'envers, mais je ne m'intéresse pas vraiment aux lieux cette première fois : la seule chose qui m'importe est de me retrouver en position verticale pendant qu'elle me mène avec violence. Elle me jette dans la cave et referme la porte à clé. J'ai mal partout. Je me redresse et examine mon antre. L'espace est rectangulaire et doit faire à peu près six mètres carrés. Je me tiens collée contre la porte. À ma gauche trône le tas de charbon, qui me rassure, car j'ai cette pensée saugrenue : « Je ne dormirai pas par terre, mais sur le charbon. »

En face de moi, je suis attirée par une lucarne sans carreau et munie de cinq barreaux de fer rouillés. Il n'y a pas de mur du côté de ma future couche, juste des palissades à claire-voie. L'une d'entre elles matérialise la porte. Le plafond autorise une ampoule à se pendre et les araignées à tisser leur toile. Naturellement, ma mère éteint la lumière avant de m'enfermer. Ce réduit, certes sombre, laisse pénétrer un peu de clarté le jour et même la nuit, grâce au réverbère de la rue. Je m'assieds sur le tas de combustible et pleure de saisissement, de panique, d'épouvante pendant des heures. Entre novembre et décembre 1963, je grandis d'un seul coup et acquiers une maturité exceptionnelle pour mon âge : je perds les préoccupations des enfants de cinq ou six ans et suis viscéralement ancrée dans la stratégie de survie. Je me recroqueville dans le coin contre la palissade et le monde plonge dans la nuit tandis que la pluie chassée par le vent entre dans ma cave.

Ce sera ma chambre presque chaque nuit jusqu'à l'âge de seize ans et demi. Parfois, j'y réside même en plein jour, mais la descente éventuelle d'un autre locataire de l'immeuble empêche ma mère de m'y détenir trop souvent en journée. Il ne faudrait pas éveiller les soupçons chez les voisins qui, pourtant, m'ont vue très souvent enfermée là, sans jamais paraître troublés.

Malgré tout, j'apprécie rapidement « ma chambre », car ma mère, trop fatiguée à l'idée de descendre et de remonter les trois étages, vient moins me martyriser. Mon antre se transforme petit à petit en un lieu où je me sens plus en sécurité que dans l'appartement.

Souvent, je m'approche de la petite fenêtre pour voir les pieds et le bas des jambes des passants. Il n'y en a pas beaucoup, c'est une rue calme. Je ne sais pas encore que cette lucarne va m'offrir un cadeau unique.

La descente de chats

Au fond du désespoir, je me couche en chien de fusil pour tenter vainement de contrer les frimas de l'hiver, si vifs dans le nord-est de notre beau pays. Nous sommes en décembre et je ne porte qu'une petite robe sur moi, pas de veste ni de collants. J'ai mal partout. Toujours. Dès le deuxième soir, après que ma mère est repartie avec son seau à charbon et alors que je sanglote en crevant littéralement de froid, un chat tigré vient partager ma solitude. Il ronronne fort en se lovant contre moi. Il m'apaise et me réconforte. Je m'endors. Il invite très vite ses congénères. Dès lors, il en vient régulièrement trois ou quatre.

Ces félins aussi pouilleux que moi m'aident à réchauffer mon enveloppe charnelle. Je leur parle, je les caresse. Leurs ronronnements, leur affection participent de manière capitale au fait que je ne deviendrai pas une bête malfaisante, comme cela aurait pu se produire en ne vivant qu'au milieu de la haine.

Ces pauvres minous ont aussi faim que moi, mais témoignent peu d'intérêt aux morceaux de pain que j'arrive à dérober dans la cuisine de temps en temps. Alors, pour qu'ils aient envie de rester avec moi, j'élabore un plan : puisque je suis battue même en étant gentille et en faisant tout ce que ma mère m'ordonne, je me risque à rentrer en retard à la maison. Il ne me faut que quelques minutes pour atteindre mon but, la boucherie en bas de la rue de l'Abbé Grégoire. C'est si rapide que ma petite sœur, avec laquelle je reviens de l'école maternelle, ne cherche pas à me dénoncer, car elle en profite pour jouer devant notre immeuble.

Boucher humain

La première fois, j'hésite à entrer dans la boucherie. Je dois avoir six ans tout juste. Pour me donner du courage, je tâte la pièce de vingt centimes au fond de ma poche. Je l'ai trouvée par terre quelques jours plus tôt et l'ai soigneusement cachée. Mais combien coûte une tranche de jambon ? Ai-je assez d'argent ? Je ne sais pas. De toute façon, je n'ai pas le choix, mes chats m'attendent. Alors j'ose franchir le seuil.

— Bonjour, Monsieur. Je voudrais une toute petite tranche de jambon parce que je n'ai que vingt centimes.

Par la suite, j'aurai souvent moins que vingt centimes, car tout dépend de ce que je réussis à chaparder. Je ne suis pas assez grande pour regarder par-dessus le comptoir et, en levant le bras, j'y place ma menue monnaie. Il arrache une feuille d'emballage qu'il place sous la trancheuse, de laquelle sort, comme par magie, l'objet de ma convoitise. Cette première fois, je remercie poliment quand le commerçant prend l'argent et se penche pour que j'arrive à saisir le paquet. Je cours en sens inverse perturbée par l'odeur délicieuse qui m'envahit les narines presque au point de me faire chavirer. Heureusement, il est dans du papier paraffiné blanc.

Un chat m'attend près des barreaux. Je m'assieds à terre avant de rentrer. Il se place lourdement entre mes genoux en remuant la queue à la manière d'un métronome pris de folie et lève un regard énamouré. Vers le papier gras que je tiens à la main.

Ce boucher me voit grandir, car c'est plusieurs fois par semaine que je lui répète mon couplet — dès que j'ai quelques sous. Et, petit à petit, avec un clin d'œil complice, il me dépose à chacune de mes visites une tranche de jambon de plus en plus épaisse, malgré le fait que j'aie si peu pour payer. Aujourd'hui, j'ai la certitude que cet homme bourru, fort et grand, qui ne me parle pas, avait tout compris de mon insondable désespoir. À l'époque, obnubilée par la peur de ne pas arriver à l'heure à la maison, je ne pouvais le deviner. Il ne dit jamais rien à ma mère, qui était pourtant sa cliente. Il est sans doute l'une des rares personnes à avoir remarqué cette fillette au visage trop souvent tuméfié. Certes, je suis aussi mal nourrie, mais il ne saura jamais que je donne cette tranche à mes compagnons à quatre pattes, sans même en garder un morceau pour moi. La tentation sera toujours la même en remontant la rue : ne pas dévorer ce morceau de jambon tant l'odeur est alléchante ! Parfois, il m'arrive quand même de manger le gras et la couenne entourant ce mets délicieux.

Ce marchand se doute-t-il que son don est vital, car je me sens indispensable, dans ma naïveté d'enfant, pour au moins quelques êtres vivants ?

Quant à moi, je voue une telle reconnaissance à mes félins que je n'hésite jamais à entrer dans la boucherie. En revanche, je crains invariablement qu'un jour, cet homme mette fin à notre transaction muette. Pourtant, il ne rompit jamais notre contrat tacite.

Sans doute a-t-il rejoint aujourd'hui un monde meilleur, mais comme j'eusse aimé le remercier ! Sa profonde humanité m'a aidé à survivre. Je craignais tant que mes chats ne partagent plus ma crypte si j'étais dans l'incapacité de les protéger de la famine.

Jambon party !

Désormais, le soir, après avoir séché mes larmes dans la cave à cause des blessures offertes quotidiennement, les chats déboulent. Avant de sonner à la porte pour rejoindre l'enfer à 16 h 40, j'ai pris soin de glisser leur repas par le soupirail de la cave, de sorte que ma mère ne le trouve pas.

À mon retour dans ma geôle, au soleil déclinant sur notre petite troupe misérable, tandis que je mange mon pain sec, je distribue à mes amis leur pitance… quand ils ne l'ont pas dénichée eux-mêmes avant mon arrivée sonnante et trébuchante.

Ainsi, chaque nuit, je dors avec plusieurs chats qui me vouent un amour inconditionnel, même s'il n'y a pas de jambon pour tous. Petit à petit, je me rends compte que j'ai plus besoin d'eux qu'eux ont besoin de moi. Ils m'enseignent comment vivre dans le moment présent. J'apprends à supporter la douleur et les privations, je découvre aussi la patience. Je comprends surtout que des êtres vivants peuvent m'attendre, moi qui ne suis rien. Je ne peux pas nourrir tous ces chats et pourtant, tous me procurent câlins, ronrons, tendresse, chaleur et amour.

Et ils vont m'éduquer longtemps. En effet, leur présence merveilleuse et leur apprentissage me seront offerts de l'âge de cinq ans et demi à seize ans et demi, soit onze ans au total.

L'école très primaire

Je suis acceptée en septembre 1964 en CP à l'école du Montet, à Nancy. J'ai six ans et je sais parfaitement lire, sans ânonner ni hésiter, en levant le ton avant une virgule et en le baissant avant un point. Où et comment ai-je appris à lire comme une adulte ? Cela reste un mystère.

Malheureusement, quand je rentre de l'école, je ne peux pas faire mes devoirs. Je dois réaliser mes activités ménagères sous les coups de ma mère, qui ne lâche jamais son ceinturon ou son martinet. Et si je laisse une tache quelque part, je dois rester des heures à genoux sur le parquet de la salle à manger avec l'interdiction de bouger, même pendant le repas d'Alice et des parents, repas dont je suis condamnée à me passer. De toute façon, je n'ai pas faim. Je tremble tant. Je sais que si la douleur ou la fatigue m'incite à bouger une toute petite partie de mon anatomie, ma mère me frappera jusqu'à l'évanouissement. J'en ai vite fait l'expérience. Je ne bouge pas. Je ne pleure pas. Je suis pétrifiée. Je dois l'être. C'est même une obligation, car elle me surveille.

Sachant parfaitement lire, je double néanmoins mon CP, car je ne fais pas mes devoirs. Déjà abhorrée par ma sœur et ma mère, me voilà détestée par la maîtresse, parce que je suis, dit-elle, « fainéante ». Mes camarades de classe m'exècrent aussi, car je suis moche, avec des plaies, des bleus et des pansements partout. J'entends leurs moqueries qui m'enfoncent un peu plus dans ma solitude. J'ai honte de mon apparence et de ma tenue, qui semble sortir tout droit d'un catalogue de fripes pour clown triste. En effet, je suis habillée par les vêtements de la DDASS. Ils sont tous gris et grossièrement raccommodés. Ma jupe et mon pull, mes collants de laine reprisés dans des nuances de gris différentes, mes chaussures trop petites déformant à vie mes orteils, prouvent ma condition misérable. Et je hais par-dessus tout cette couleur terne, triste… morte. Encore aujourd'hui.

Par conséquent, on me punit et me place régulièrement au fond de la classe. Je ne peux pas même tenter de m'intégrer dans un groupe de petites filles pour jouer, puisque je suis privée systématiquement de récréation pour « rattraper » mes devoirs. Et pourtant, que j'aurais aimé entrer dans ce monde que je sentais « normal », mais qui m'était interdit à moi, « fille de meurtrier » ! Mes rêves sont simples : je veux apprendre en classe et que l'on m'offre la possibilité de répondre oralement de temps en temps, je veux que la maîtresse vienne aussi m'aider, je veux avoir des amies pour jouer dans la cour de récréation. Je n'ai pas droit à cette vie.

Lorsque mon institutrice rapporte à ma mère que je suis paresseuse, cela me vaut de rester deux heures à genoux dans la salle à manger au retour de l'école. La mégère pleurniche et lui confie à quel point c'est pareil à la maison. La maîtresse m'en veut encore plus de causer tant de chagrin à ma gentille maman. Et pourtant, me croirez-vous ? J'aime cette femme qui pleure, car je sais que je la fais souffrir par ma méchanceté, mon imbécillité, ma ressemblance avec ce père inconnu, en résumé, ma venue au monde. Et si l'enseignante me reproche d'attrister celle qui a souffert pour me donner la vie, alors c'est sûr, je dois être très méchante puisqu'elle aussi l'affirme ! Je voudrais tant progresser, mais comment faire pour la rendre heureuse ? Je ne sais pas et demeure impuissante. Coupable de tout, j'apprendrai bien plus tard que toutes les victimes comme moi connaissent ce sentiment, durant longtemps, parfois pour l'éternité.

Quotidien de haine

Au fur et à mesure que je grandis, les tâches augmentent, mais pas autant que la haine démesurée que ma mère me voue.

Dès que j'atteins l'âge de six ou sept ans, ma petite sœur joue son rôle d'apprentie tortionnaire en connivence avec sa maman adorée. Elle sait que cette dernière me déteste et en joue. On ne peut pas lui en vouloir. Elle est très jeune et éduquée par une diablesse, dont la folie ne connaît pas de limite.

Par exemple, avant de descendre à la cave le soir, il faut que je range mes chaussons bien côte à côte, sans que l'un ne dépasse l'autre d'un millimètre. Un délire de plus de ma génitrice. Ne pas m'y soumettre m'expose à ses foudres. Je le fais de manière impeccable puisque je ne suis plus une enfant, mais un robot. Alice me provoque en riant et en affirmant qu'elle va raconter à sa bonne fée que j'ai mal placé mes chaussons. Je la supplie de ne pas mettre sa menace à exécution et c'est sans doute excitée par ma peur qu'elle déplace légèrement ces derniers et court me dénoncer.

Alors, la mégère lui demande sa coopération pour m'attacher les jambes sur les barreaux d'une chaise et les bras derrière le dossier. Puis elle me bat avec tout ce qui lui passe sous la main : le rouleau à pâtisserie, le martinet, le ceinturon, le manche à balai, jusqu'à ce que je ne sente plus rien, jusqu'à ce que je me trouve au bord de l'évanouissement. Ces nuits-là, ma mère, trop fatiguée par son débordement d'énergie, me détache et me fait dormir dans le grand lit avec ma sœur. Pour moi, c'est pire que tout. D'abord, je ne verrai pas les seuls êtres au monde qui m'aiment, mes chats. De plus, je sais qu'en pleine nuit ma mère me réveillera brutalement avec un de ses objets de torture. Cela n'a jamais raté une seule fois. Encore aujourd'hui, il ne faut jamais me réveiller brusquement, sous peine de déclencher hurlements et pleurs, avant de m'apercevoir que je suis en sécurité. Tout mon entourage le sait.

À l'échafaud sans ascenseur

À seulement sept ans, dans mon lit, sans risquer de m'endormir parce que j'attends la démente de service déchaînée, sans mes chats, je supplie de toutes mes forces le Petit Jésus que j'ai appris à connaître durant les cours de catéchisme :

— S'il te plaît, Petit Jésus, emporte-moi avec toi cette nuit. Emporte-moi pour toujours. Au catéchisme, l'abbé me dit que tu exauces tous nos vœux s'ils sont sincères. Alors, je t'en supplie, emporte-moi cette nuit. Je t'en supplie…

Je réitère cette prière avec une espérance indescriptible, jusqu'à ce que le sommeil m'emporte à la place de Petit Jésus.

Et les ténèbres réveillent une angoisse profonde. Les volets sont clos, mon ciel est sans lune et sans étoile : la nuit est noire comme le charbon de la cave. Je n'ai aucune échappatoire face au fait que je serai inévitablement réveillée à coups de tout ce qui passe sous la main maléfique, parce que je suis une fille « ignoble », parce que « je suis du sang du père Bourton », parce que « je n'aurais pas dû naître », parce que « je l'emporterai à l'échafaud », etc. Qu'est-ce que l'échafaud ?[2] Le pire est qu'elle n'est pas la seule à employer ces termes à mon égard. Quand elle révèle ma méchanceté et

2. À l'époque, la peine de mort n'est pas encore abolie.

celle de mon père aux autres, ils lui prédisent un sombre avenir si elle baisse la garde. Ainsi, lorsqu'elle raconte à mes maîtresses ou maîtres, ou bien encore au docteur Christophe, combien je suis invivable et ressemble à mon père, les gens lui répondent :

— Oui, faites très attention, sinon elle vous mènera à l'échafaud.

D'après vous, que fais-je les matins qui suivent les nuits de torture ? Trop marquée pour aller à l'école, je suis obligée de laver pendant des heures mes vêtements tachés de sang, de frotter les bouts de tissu jusqu'à ce que toute trace ait disparu, sous peine qu'elle me fasse encore saigner sur ma lessive.

Inévitablement, un jour, je ne suis pas suffisamment minutieuse. Elle ne prend pas la peine de m'attacher. Elle se jette sur moi avec le rouleau à pâtisserie et me l'assène à tout va, sur la tête, le dos, le ventre, les jambes. Presque assommée, le bras collé contre le flanc, je m'oblige à me relever, car elle me l'ordonne. Mes côtes cassées rendent pénible chacune de mes inspirations. Je suis trop jeune pour comprendre que j'ai les côtes enfoncées. J'ai sept ans.

Quand je serai grande, si je suis encore en vie, je vivrai avec des chats.

Chapitre 7

Vive la rue !

Amygdales pour la DDASS

J'ai toujours sept ans. J'apprends qu'une enquête vient d'être demandée, puisque je reste une pupille de la Nation. Je me prends à espérer… Hélas, je suis informée par ma génitrice, avec l'aversion qu'elle me voue en permanence, que tout le monde est d'accord sur le fait que la restitution de la petite Michèle à sa vraie mère est un réel succès. Elle est donc autorisée à reprendre sa fille Renée, de deux ans mon aînée, qui vit toujours dans sa famille d'accueil à Petitmont. Cette nouvelle me confirme à nouveau que je suis certainement cette fille méchante que décrit ma mère. En effet, ces grandes personnes ayant décidé qu'elle s'occupe bien de moi, je ne peux être que celle qui cause son désarroi.

— Petit Jésus, aide-moi à être meilleure…

Je saurai seulement à l'âge de vingt-et-un ans en lisant mon dossier comment cette enquête a pu aboutir de manière si positive pour cette sorcière. Voici ce qui est écrit dans le rapport de la DDASS : « L'enfant est un peu retardée, mais en bonne santé. Elle est fatiguée, car elle vient de se faire opérer des amygdales. »

Or, j'ai toujours mes amygdales ! Et si l'enfant « est un peu retardée », c'est pour la simple raison que ce n'est pas moi qui ai été présentée au contrôle médical, mais Alice, qui n'a que cinq ans et vient en effet de subir cette chirurgie.

Aussi inimaginable que cela puisse paraître, le tribunal accepte de rendre Renée à sa mère, puisque celle-ci semble aller bien sur le plan psychiatrique et qu'elle réussit à élever correctement la jeune Michèle rendue deux ans auparavant… laquelle croupit probablement dans la cave au moment du contrôle médical et administratif.

L'échappée belle

C'est ainsi qu'un après-midi, en rentrant de l'école, nous découvrons une fille en pleurs, déjà giflée. Ma génitrice nous présente cette inconnue dont nous n'avons jamais entendu parler :

— C'est Renée, votre grande sœur. Le tribunal me l'avait volée, mais il me l'a rendue. Elle a neuf ans et il faut que je la dresse aussi, car elle est mauvaise comme son père et Michèle.

Cette petite Renée est presque autant maltraitée que moi. Pour son malheur, c'est une fille Bourton et elle va le payer. Je dois avouer néanmoins que, pendant que notre mégère s'acharne sur elle pour la « rééduquer », elle ne s'occupe pas de moi et je souffle un peu. Renée et moi, nous nous parlons peu, mais sommes complices dans ces souffrances insoutenables. Comment nous parler, puisque notre mère nous l'interdit ? Si elle n'oblige pas l'une à se déshabiller entièrement pour que la douleur des coups soit plus vive, l'autre est recroquevillée quelque part dans l'appartement et prie silencieusement pour ne pas encore subir elle-même les tortures. Et je suis souvent dans la cave. Renée dispose aussi de sa chambre personnelle : le cellier noir ! Alors, il n'y a pratiquement qu'un seul moment où nous pouvons communiquer, c'est sur le très court chemin de l'école. Notre échange se résume à quelques mots, car il ne faut pas qu'Alice nous dénonce, et aux regards de détresse que nous nous lançons.

Mon aînée est d'une intelligence exceptionnelle. Son visage étant épargné plus souvent que le mien, elle se rend plus régulièrement à l'école. Elle réussit à travailler sans pouvoir réaliser plus que moi ses devoirs à la maison. Pourtant, elle obtient avec succès son certificat d'études. Comme moi, elle est excellente en français. Elle est ensuite orientée vers un CAP de sténodactylographe qu'elle obtient tout aussi aisément.

À seize ans, plus mature que moi qui suis complètement traumatisée depuis mes cinq ans, elle s'échappe et se retrouve enceinte. Elle parvient à trouver de l'aide, je ne sais par quel moyen, et le juge des enfants lui accorde l'émancipation. Après sept années de souffrance, la voilà libérée des griffes de notre génitrice. J'ai alors quatorze ans. Pourquoi ne m'enfuis-je pas ? Je suis incapable de m'évader vers de nouveaux horizons, lestée par les menaces de mort et de torture. J'ai été rendue à ma mère trop petite pour pouvoir me sauver comme mes quatre sœurs aînées.

Je ne reverrai Renée que bien plus tard, à la maternité, lorsqu'elle me demandera d'être la marraine de sa troisième fille. J'accepterai et pourtant, je ne rencontrerai jamais ma filleule. La rupture familiale est provoquée par Renée, qui décide, un peu plus tard, de sortir de nos vies et de notre histoire en allant rejoindre des cieux plus cléments, devançant Alice et Marcelle de quelques années.

« Prends ton baluchon et fiche le camp ! »

J'ai sept ans, presque huit. Ma mère, ne supportant toujours pas mon existence, m'éjecte de la maison avec mon « baluchon », comme elle dit. Ainsi, je me retrouve souvent à la rue vers 19 h 00 et dois me chercher un coin pour dormir. La liberté ! Elle me plaque sur le torse un sac en tissu dans lequel elle a placé un morceau de pain rassis et, aussi incroyable que cela puisse paraître, un pyjama... pour dormir dehors. Je fais semblant d'être triste, mais je suis folle de joie... N'importe quoi plutôt que ses sévices incessants.

À chaque fois, je prends soin d'attendre quelques-uns de mes chats et me promène avec une insouciance inédite. Oh, au début, je ne vais pas loin. Je ne m'éloigne pas de la petite rue du Docteur Liébeault, celle que j'aperçois depuis mon soupirail, ou de celle de l'Abbé Grégoire. Si je la descends, j'arrive sur l'avenue du Maréchal de Lattre de Tassigny, mais elle est large, rectiligne, passante et trop grande pour que j'ose déjà m'y aventurer : elle a quatre voies ! Je me dirige plutôt à l'opposé, du côté de mon école, 2, rue de Saurupt, à une minute à pied de chez moi. Et pour y aller, je dois franchir la voie ferrée par le pont du Montet, à quelques enjambées de mon immeuble.

Je me dirige vers les rails du quai de la Bataille. La Lune éclatante fait briller les toits mouillés, rendant presque superflu l'éclairage extérieur. Ce n'est toutefois pas une nuit propice à l'admiration des étoiles constellant le ciel noir, car le froid, tel un rasoir, semble découper en tranches mes vêtements trop légers. Je monte dans un wagon de paille. Cela pique un peu, mais je reconnais l'odeur des vaches que j'adore et qui me rappelle ma petite enfance en famille d'accueil. Je somnole au chaud pendant que les chats s'occupent des souris. Le cheminement de mes pensées est souvent interrompu par mon instinct. Ce système d'alarme vieux comme le monde me picote la peau, affûtant tous mes sens, car, inévitablement, à cet âge-là seule dans la nuit, je suis importunée plusieurs fois par des messieurs mal intentionnés. Toutefois, à l'instar des animaux sauvages, je comprends le danger et cours très vite. Il ne m'arrive jamais rien de grave, même si l'angoisse m'envahit souvent.

Prisonnière de toutes parts

Un soir, les policiers du quartier me découvrent en train de dormir dans mon abri de fortune. Terrorisée — j'ai l'interdiction de raconter ce qui se passe à la maison —, je refuse de répondre aux questions de ces hommes en tenue effrayante. En effet, ma mère m'a transmis sa défiance à l'égard de la police : il faut que j'en aie peur ! Ceux-là sont gentils et me ramènent au commissariat dans cette fameuse avenue du Maréchal de Lattre de Tassigny pour le reste de la nuit. Je dors sur un lit de camp. Le lendemain, je suis obligée de leur dire où j'habite, car ils sont insistants. Ils me reconduisent chez ma mère, qui déclare en pleurant toutes les larmes de son corps que j'ai fait une fugue.

— J'ai tant de mal avec elle. C'est la méchanceté incarnée ! Elle est comme son père. Je ne sais plus quoi faire pour la dresser.

Devant les forces de l'ordre, je reçois une gifle étourdissante. Dans les années soixante, personne n'est choqué par ces comportements. En outre, les policiers — qui croient ma mère, car tout le monde adhère à ses paroles lorsqu'elle pleurniche que je suis mauvaise comme une teigne — m'infligent une remontrance afin que je ne fugue plus :

— Tu fais du mal à ta maman qui t'aime. Si tu recommences, tu iras en prison !

Ma mère, après avoir essuyé une énième fausse larme, sourit de toutes ses petites dents pointues, comme un prédateur marin tournant autour d'un poisson rouge. Et, dès le départ de la maréchaussée, cette aventure décidée par le « requin » lui-même me vaut la torture de la chaise et le renvoi dans la cave... parce que « j'ai fait exprès de me faire prendre par la police ».

De retour dans mon antre, je parle à mes chats à qui, pendant des mois, des années, je confie tout autant mon désespoir d'être une manquée, une ratée, une loque, un débris, une miette, une moins-que-rien, que l'espoir fou que tout ceci change un jour, de devenir enfin une petite fille « normale » dans une vie « normale ». À qui d'autre s'adresser, puisque policiers et médecins scolaires me commandent d'être sage et d'écouter ma mère, en m'affirmant qu'il est légitime de recevoir une fessée de temps en temps, puisque je suis désobéissante ? Mes félins me donnent la force d'attendre. Que c'est long, l'enfance !

Nounours à l'hôtel policier

Je suis envoyée plusieurs fois dehors avec mon baluchon. Suivie par mes chats, je vais directement dans mon wagon de paille, où les policiers viennent immanquablement me cueillir. Toutefois, ma relation avec eux s'améliore. Je suis si marquée sur tout le corps et le visage que les uniformes tant craints par ma génitrice finissent par comprendre. Dès lors, ils viennent régulièrement vérifier si je suis dans la paille, m'emmènent gentiment au commissariat, me régalent d'un chocolat chaud, me couchent dans le lit de camp avec un nounours auquel je ne m'attache jamais, parce que je sais que, dès le lendemain, ils me ramèneront chez la sorcière. Au moins, j'ai quelques heures de répit et j'en profite pour récupérer.

Cette routine persista durant plusieurs années. Ils firent beaucoup, énormément. Ils étaient si adorables que je ne peux leur en vouloir, bien au contraire, ils furent même les rares êtres humains à me secourir. Néanmoins, ne pouvaient-ils faire mieux ? Pourquoi me remettre tous les matins entre les mains de ma tortionnaire ? Quel obstacle les empêchait de me soustraire à sa cruauté ?

Devenue majeure, j'apprendrai qu'ils avaient prévenu les services sociaux et qu'une enquête très brève avait été ouverte — je ne rencontrerai qu'une seule fois une assistante sociale, dont la visite durera... à peine cinq minutes ! —, mais les directives étaient de laisser les enfants dans leur famille, car « un enfant est toujours mieux avec sa mère ». Aujourd'hui, lorsque j'entends cette absurdité, je retiens ma colère. Comment penser qu'un enfant est toujours mieux avec sa mère quand on sait qu'elle tente de l'assassiner chaque jour ?

Quand je serai grande, si je suis encore en vie, je vivrai avec des chats.

Chapitre 8

Les miracles de la vie

Un vent de liberté

J'ai sept ans lorsqu'un jour, le père Gilory, mon beau-père, qui pourtant ne m'adresse jamais la parole, m'emmène d'autorité et à ma grande surprise en ville pour déposer son ticket de PMU. C'est arrivé une seule fois. Toujours est-il que ce vieux tout en os, traînant péniblement une inépuisable vie, me montre le parc Olry dans la grande avenue, la place Stanislas et son immense parc de la Pépinière, et de jolies rues de la vieille ville de Nancy. En chemin, il me tient maladroitement le bras, comme ces gens qui ne savent pas faire. J'aimerais tellement qu'il me prenne par la main… Ce taiseux prononce quelques mots et je comprends que, plus tard, quand j'aurai grandi, je serai libérée. Je sens une complicité nouvelle et réalise que lui aussi porte une grande misère sur le dos. Il m'offre une menthe à l'eau dans ce PMU où il dépose son espoir de gagner. Cet endroit, où l'on délibère avec des grosses voix sur les chances de tel ou tel cheval, pue la crasse et le manque d'hygiène. Je suis impressionnée, mais, heureusement, celui que je dois appeler « Papa » est là.

Comment ce miracle a-t-il pu se produire ? Je ne sais vraiment pas. Je n'ai jamais eu l'occasion d'en discuter avec lui plus tard, d'autant plus qu'il mourra peu après mes dix-sept ans.

En rentrant, je sais devoir payer cette sortie. Devant la porte de bois brun écaillé, sali, taché, dans ce couloir obscur, habillé de ses toilettes communes et chargé de toutes les odeurs rampantes de la cuisine de tout le monde, je m'immobilise une seconde. Pétrifiée. Honteuse et lâche d'avoir accepté cette bouffée d'oxygène, car j'ai conscience que mon beau-père va être battu lui aussi. Je lève les yeux vers lui, et, lorsque je m'aperçois qu'il est habité du même désespoir que moi face à notre cinglante réalité, les larmes me viennent. Une douleur remonte de l'intérieur de ma poitrine et des morsures, comme des petites lames, envahissent mon cœur.

Ma mère ne peut tolérer cette liberté prise par son mari. Sa tête de vieille, le visage défiguré par la sournoiserie, et les yeux injectés de haine nous dévoilent sa peur panique que nous soyons allés voir la police.

Son être fielleux me glace. La porte ouverte sur le palier, elle me demande :

— Où qu'c'est qu'il t'a emmenée ? Vous êtes allés voir les flics ? À qui vous avez parlé ?

C'est entendu, je suis de l'engeance d'alcoolique, mais ma mère est persuadée que je serais assez folle pour oser me plaindre auprès de quelqu'un ?

Dans notre minable appartement, son hystérie s'abat d'abord sur ce pauvre homme lui servant de mari. Elle se démonte de colère et frappe mon beau-père qui, comme d'habitude, ne se défend pas. Tout vole. Et moi, je me prépare à l'insoutenable, ayant appris que les arrachements conjugaux ne s'achèvent si bien, si glorieusement, que sur ma peau.

Cette matinée surnaturelle élargit mon horizon. Je garde en mémoire tous les lieux révélés par mon beau-père lors de notre fantastique et irréelle promenade. Quand je suis renvoyée dans la rue, j'ose explorer ces nouveaux endroits à la recherche de multiples cachettes. Ainsi, j'ai repéré l'immense saule du parc de la Pépinière. Après avoir escaladé les grilles, ses très longs rideaux verts caressant le sol m'offrent un nid, un refuge douillet pour accueillir mes rêves. Je dors en boule contre ses racines… à l'abri du monde entier.

De l'âge de sept ans environ jusqu'à seize ans, je mène une vie connue de moi seule.

Une voix d'ange

J'ai sept ans, je vais au catéchisme. Ma mère ne croit pas en Dieu. Elle nous y envoie uniquement pour prouver aux éventuels services sociaux, qui nous ont pourtant oubliées, Renée et moi, qu'elle nous « dresse » dans le respect du mode de vie auquel les gens se conforment dans cette société des années soixante. Les églises sont encore pleines. Je vais donc aussi à la messe tous les dimanches, quel que soit mon état. Ma sœur et moi sommes chargées de veiller en chemin sur cette peste d'Alice, car l'église Saint-Pierre se trouve sur l'avenue dangereuse.

Au catéchisme, on nous enseigne les histoires de la Bible et le chant en chorale.

C'est ainsi que l'abbé Lidon et le curé, dont j'ai oublié le nom, me découvrent un joli filet de voix. Cela me semble inouï que l'on décèle en moi quelque chose d'intéressant. Le prêtre me fait chanter tous les dimanches à l'église, seule au micro. J'entonne en soliste les couplets et l'assemblée chante avec moi les refrains. Quelque chose d'inconnu se dégage de moi : un bonheur intense à chaque fois que je chante.

Lorsqu'il m'arrive d'être hospitalisée à cause des atrocités de ma mère, les fidèles disent me regretter. Toutefois, jamais un seul d'entre eux ne se préoccupera du pourquoi de mes absences. Pourtant, tout le monde remarque mes ecchymoses, mais j'ai appris à répéter la même réponse à chaque fois que je me présente la figure tuméfiée :

— Je me suis cognée contre une armoire.

Cependant, quand je suis dans ma cave, quelques bons samaritains viennent m'apporter discrètement par la lucarne du pain, des bananes ou du jambon (aussitôt pour les chats !), mais personne ne témoigne jamais de quoi que ce soit. Ni compassion ni courage pour m'aider à m'éloigner de l'enfer. Ils me traitent comme on regarde un animal en cage dans un zoo. Pas un ne signalera mon cas auprès des services sociaux. En tout cas, pas à ma connaissance.

Pause dans le dressage

Comme tout enfant, je crois fermement ce que l'on me raconte sur Dieu, le paradis, l'enfer, les apôtres, etc. Je suis donc extrêmement croyante et « sais » que c'est Jésus qui m'envoie les chats dans la cave. On célèbre donc ma première communion et ma profession de foi comme dans toute bonne famille pratiquante.

Un jour, l'abbé Lidon vient expliquer à ma mère qu'il m'offre un séjour en colonie de vacances dans les Vosges. J'ai douze ans. En ce temps-là, toutes les paroisses possèdent une colonie de vacances. Ma génitrice refuse toujours que j'y aille, faute d'argent et, dirais-je avec plus ou moins d'humour, peut-être par peur de se trouver en manque de moi. Après maints changements d'avis, la mégère accepte finalement. Le prêtre assure la gratuité de mon séjour. Il me glisse alors dans l'oreille :

— Cela te fera trois semaines de tranquillité.

Donc tout le monde sait ?

Je suis toutefois contrariée par cette décision. Que vont devenir mes chats ? Reviendront-ils lorsque je rentrerai après une si longue absence ?

Je pars enfin et me fais des amies pour la première fois. Je me confie un peu sur mes conditions de vie et m'aperçois que je ne suis pas la seule à être maltraitée. Certes, ce n'est pas aussi terrible que chez moi, mais des enfants mal-aimés, il en existe beaucoup d'autres.

Ces journées sont merveilleuses : jeux, chants, promenades, pique-niques, confidences et même amitié et sourires des monitrices. Après ces années de ténèbres, c'est une vision miraculeuse. Je vis ces vacances avec bonheur et pourtant avec angoisse aussi, car je prends conscience dès le deuxième jour que le compte à rebours a commencé et que ce repos ne sera pas éternel…

Nous sommes à Fraize, dans les Vosges. Tous les parents sont invités à venir voir leur enfant le deuxième dimanche des vacances. Les miens se déplacent aussi, parce qu'il serait inconvenant de ne pas le faire. Le rictus qu'affiche ma génitrice est ce qui ressemble le plus à un sourire devant les encadrants. Elle me promet en chuchotant de reprendre mon « dressage » dès que je rentrerai, afin que je me souvienne des bonnes manières à l'issue de trois semaines passées sans elle. Son annonce ne gâchera même pas le reste de mon séjour, car je le savais avant qu'elle l'exprime.

Quand je serai grande, si je suis encore en vie, je vivrai avec des chats.

Chapitre 9

État aux abonnés absents

Épingle à nourrice voyageuse

J'ai neuf ans. Ma mère invente de nouveaux jeux. Elle décrète qu'à chaque fois qu'elle en aura envie ou bien que je ferai une bêtise comme celle des chaussons déplacés par Alice, elle me plantera une épingle à nourrice dans le corps. Elle l'affirme et, bien sûr, elle le fait. Cela ne se produira qu'une seule fois tant je hurle de terreur et de douleur. Sa folie la pousse jusqu'à me traîner sous la fenêtre de notre chambre afin de mieux distinguer ce qu'elle fait. Elle m'en fourre une dans le mollet alors que je suis ligotée sur une chaise. Les voisins, parfaitement au courant des sévices que je subis régulièrement, se taisant pourtant auprès des services sociaux, tapent sur les murs et au plafond pour réclamer le silence. J'entends une personne dans la cour ordonner à ma mère d'arrêter de me frapper. Mes cris l'énervent, mais la folle va jusqu'au bout de son dessein. Elle utilise un couteau pour découper ma chair et faire pénétrer la tête de l'épingle. La sorcière réussit à m'enfiler cette épingle à nourrice en entier dans la jambe et en position ouverte, bien entendu.

Elle est toujours fichée dans ma chair à ce jour. Aucun médecin ne peut m'expliquer ce que cette épingle ouverte dans mes tissus risque de créer comme dégâts.

Heureusement, je prends parfois l'avion et, grâce aux appareils de contrôle qui bipent dès que je passe, je peux suivre sa migration. Longtemps, elle est restée dans le mollet. Elle y était encore quand je suis allée à Marrakech en 2014. Puis elle a siégé dans ma cheville en Tanzanie. À Londres, retour dans la cuisse, et descente dans le mollet en Inde. En revanche, à Berlin, rien. Je n'ai sonné ni à l'aller ni au retour. Je m'inquiète. Où est passée cette épingle ? Jusqu'où peut-elle monter ? Vivement que cette pandémie de Coronavirus s'éteigne, afin que je puisse réaliser mon examen médical dans un aéroport !

Certes, beaucoup vous diront qu'il est toujours judicieux d'avoir une épingle à nourrice sur soi pour remédier à un petit souci de fermeture Éclair, mais dans la poche ou les bagages, c'est plus pratique.

Ma sœur Catherine en possède encore une dans la hanche. Et tout comme moi, elle sonne dans tous les aéroports. Avant que les services sociaux ne la retirent pour la confier à sa famille d'accueil, ma mère lui en avait enfoncé plusieurs dans son anatomie de petite fille de moins de trois ans. Catherine a subi plusieurs opérations pour les retirer. Une seule est restée.

L'amputation à deux doigts

J'empeste en classe. Ce n'est pas nouveau, je pue tout le temps, puisque mon hygiène est sommaire, avec une seule toilette à l'évier par semaine. Je porte les mêmes vêtements six jours sur sept. Autant ma mère tient à ce que j'aille à la messe propre et en habits du dimanche, autant je suis crasseuse — vêtements crasseux, cheveux crasseux, peau crasseuse, cols et poignets crasseux — le reste de la semaine. Or, ce jour-là, je sens encore plus fort : sous mon pantalon, une blessure s'est infectée. Ma génitrice a essayé de me couper la jambe droite au niveau du genou avec une scie ou un couteau — je ne sais plus —, mais s'est arrêtée avant la fin du supplice devant mes cris et le sang inondant la cuisine. Je suis horrifiée à l'idée de perdre ce membre qui me permet un peu de liberté lorsque je suis jetée à la rue.

Cette tentative de mutilation date de dix jours, période pendant laquelle je n'ai pas le droit d'aller à l'école, mais l'institution rappelle à mon bourreau qu'elle a l'obligation de me renvoyer en classe.

Le pus se répand sous mes habits. La maîtresse, qui m'ignore la plupart du temps, finit par m'envoyer à l'infirmerie... sans doute pour oxygéner la classe.

Dès que j'enlève mon pantalon, l'infirmière pâlit et découvre ma jambe déjà nécrosée jusqu'au pied. Le pus coule à partir du genou. Elle appelle une ambulance et je suis hospitalisée à l'hôpital central de Nancy. Les médecins parviennent à enrayer l'infection et à sauver ma jambe de l'amputation. Comme je suis restée plusieurs jours avec cette plaie ouverte, ils ne parviennent pas à faire se rejoindre les morceaux de chair et de peau, et il me reste une large cicatrice encore aujourd'hui. Et aussi ma jambe. Par chance.

Naturellement, les blouses blanches me taraudent jusqu'à ce que je leur explique comment j'ai pu me blesser ainsi et, surtout, comment mes parents n'ont pas vu une infection si énorme. Je leur réponds inlassablement ce que l'on m'a appris à répondre depuis l'âge de cinq ans et demi :

— Je me suis cognée contre une armoire.

L'assistante sociale éclair

Devant mes réponses d'une telle ineptie, le personnel de l'hôpital déclenche un signalement auprès des services de la DDASS. Ce sera la première et unique fois de mon enfance qu'une assistante sociale viendra me rendre visite à la maison.

Ma mère est donc informée par courrier qu'une de ces fonctionnaires va débarquer. Hélas, ces gens ne viennent jamais à l'improviste. Alors branle-bas de combat ! La mégère me promet tous les malheurs du monde si je « parle » : elle veut bien se débarrasser d'une vermine comme moi, mais pas de ma petite sœur, qui est un ange. Le seul intérêt de cette visite est que, pendant ces quelques jours d'attente, je ne suis pas battue au visage pour faire bonne impression le jour du rendez-vous. En revanche, les sévices sur le reste du corps perdurent. J'ai toujours droit à la chaise de torture, où je suis ligotée et frappée.

L'assistante sociale arrive donc un soir vers 18 h. Nous sommes dans la cuisine et je sais ce qu'il faut répondre si je ne veux pas que ma mère me crève les yeux, comme « promis ». Je suis petite pour mes neuf ans (je ne mesure toujours qu'un mètre cinquante-huit aujourd'hui). Je me tiens debout à côté de ma mère, qui me tire doucement les cheveux afin de me rappeler la consigne au cas où je l'aurais oubliée. L'assistante sociale s'agenouille et me dit textuellement :

— Alors il est tard et je n'ai pas le temps. Je vais te poser une seule question et réponds-moi franchement : es-tu heureuse chez toi ?

J'éclate en sanglots. Ma mère me tire plus vigoureusement les cheveux et, incapable de prononcer un mot, je fais « oui » de la tête.

La dame repart aussitôt, fière du devoir accompli, j'imagine. Ce contrôle n'aura pas duré plus de trois minutes.

Pas de cadeaux à gogo

Pourtant, je suis sous la responsabilité des services de la DDASS. Le suivi se manifeste seulement par une invitation, chaque année à Noël, pour une petite fête et la remise d'un cadeau. Les pupilles de la Nation, dont je fais partie, ont droit à quelques modestes réjouissances pour célébrer la naissance de notre Sauveur.

À huit ans, je reçois une poupée à l'occasion d'un après-midi organisé dans une salle immense. C'est mon premier jouet ! Je sais néanmoins ce que c'est, puisqu'à toutes les fêtes, le docteur Christophe apporte à la maison des paquets emballés avec leurs petits rubans colorés pour Alice. Renée et moi la regardons ouvrir ses cadeaux avec envie. Nous, nous n'avons droit à rien. C'est normal. Nous le savons, nous sommes méchantes et mauvaises, voire dangereuses, puisque nous risquons chaque jour de mener celle qui nous sert de mère à l'échafaud.

Alors quand je rapporte ma poupée à la maison, ma mère décrète que je ne la mérite pas et la fait fricasser tout de suite dans le grand poêle à charbon de la cuisine.

L'année suivante, je reviens avec un Donald en plastique, que je serre très fort contre mon cœur en priant pour que ma mère me le laisse. Il se passe exactement la même chose que la fois précédente : hop, dans le poêle ! Ça pue, le plastique qui brûle…

Quand je serai grande, si je suis encore en vie, je vivrai avec des chats.

Chapitre 10

Survivre !

Profusion d'étoiles

Dans les bandes dessinées, lorsqu'un personnage est étourdi, plein d'étoiles apparaissent dans la case autour de son crâne. Eh bien, pour moi c'est pareil ! En effet, si je n'ai pas correctement effectué mon travail domestique selon ses critères, ma mère prend le balai et m'en donne un grand coup sur la tête. Je serai hospitalisée plusieurs fois avec une ouverture du crâne. Un matin, alors que je m'évanouis après avoir vu dix mille étoiles, ma mère me somme de me lever et m'emmène à pied à l'hôpital de Nancy situé à sept cent cinquante mètres de chez nous. En descendant la rue de l'Abbé Grégoire, nous en sommes à dix minutes.

Je continue de défaillir en marchant. Mes jambes fléchissent. À peine consciente, je parviens à avancer plus ou moins bien grâce à ses griffes qui agrippent mes vêtements pour tenter de me maintenir à peu près debout.

Pourtant, ce sont les seuls moments où elle me parle aimablement. Je décèle la panique dans sa voix :

— Si tu n'étais pas une brebis galeuse comme ton père, je ne serais pas obligée de te dresser. À partir de maintenant, tu vas devenir gentille, hein ?

Je réponds dans un souffle :

— Oui, je serai gentille.

Que répondre d'autre ? Sinon, ma mère me flanquera encore une « volée », comme elle dit, et d'être dans la rue ne l'arrêtera pas.

De toute façon, tout le monde se moque de ce que Renée et moi pouvons endurer.

— À l'hôpital, tu diras que tu t'es cognée contre l'armoire. Sinon, ils vont nous séparer et il faut que je te dresse. C'est pour ton bien. Il ne faut pas que tu sois comme ton père plus tard.

J'éprouve de la peine pour ma mère, car elle fait ce qu'elle peut pour que je ne devienne pas une meurtrière. Je me force donc à réciter :

— Oui, je dirai que je me suis cognée contre l'armoire.

Et je cautionne systématiquement cette manie de me cogner contre l'armoire lors de chaque visite à l'hôpital, car le comble est là : inconsciemment, je sais qu'elle souffre, qu'elle est malade et, toujours instinctivement, j'accepte de la protéger. Je veux simplement mourir pour qu'elle n'ait plus à supporter mon infâme existence.

Courage à tous les étages

Plus tard, beaucoup plus tard, je prendrai la mesure de la perfidie de ma mère devant toutes les institutions et leurs représentants (services sociaux, hôpitaux, enseignants, policiers, etc.). Elle ne peut distinguer la réalité de la folie de ses délires. Elle incarne une double personnalité. En effet, à l'extérieur, elle affiche l'image d'une « bonne mère » victime de l'État, qui a tout fait pour récupérer sa fille. Dans l'intimité, elle déploie son arsenal de tortures comme il n'est pas humainement possible de le concevoir.

Sa peur qu'on lui enlève ses enfants est incommensurable. En effet, si on lui place à nouveau sa progéniture en famille d'accueil, elle est assurée qu'on lui soustraira aussi Alice, l'adorable petite tellement aimée de sa maman et protégée de sa malfaisance par son géniteur, le docteur Christophe.

Je passe encore quelques jours à l'hôpital. Les médecins ont tout compris, mais se taisent comme d'habitude. Est-ce de la lassitude, la peur des représailles ? En effet, lorsqu'ils reçoivent un signalement, les services sociaux ne se contentent pas seulement de le traiter superficiellement, mais divulguent le nom de la personne qui les a contactés. Alors, les blouses blanches viennent me voir dans ma chambre et font preuve d'empathie (en me glissant quelques bonbons ou chocolats, par exemple)... mais aussi de tant de lâcheté !

Quand enfin je peux retourner dans ma cave, je relate ma mésaventure aux chats.

Couchée aussitôt en position fœtale sur mon tas de charbon — où j'espère avoir moins froid que sur la terre battue —, les félins me rejoignent à tour de rôle, l'un contre mon ventre, l'autre, la tête blottie dans mon cou, une patte de velours sur le visage. L'un dort sur mes jambes, l'autre contre mon dos... Depuis que je dors avec eux, ils lèchent régulièrement mes blessures avec leur langue râpeuse qui ne me fait pas mal. Je suis bien ! Oui, je me sens en sécurité, soignée, calmée, au chaud et je m'abandonne au sommeil. Les boules de poils m'entourent et me protègent. Leurs ronrons s'apparentent à une berceuse et je m'endors.

Électrochocs de bienveillance

J'ai environ dix ans. Ma mère décrète qu'il faut m'enfermer à l'hôpital psychiatrique et me faire subir des électrochocs, parce que je ne peux qu'« être folle et méchante comme mon père » ! Elle obtient un rendez-vous avec un spécialiste, qui me fait passer plusieurs tests. Je tombe sur un homme chouette. Il m'explique que je ne suis pas anormale du tout, que je suis très intelligente et il est le premier (enfin !) à me confier :

— En revanche, ta mère, elle, est complètement folle.

Dès lors, il fait croire à cette dernière que je dois venir tous les jeudis après-midi pour des séances de deux heures avec lui. Et quand j'arrive, il me laisse jouer dans son appartement avec ses propres enfants pendant qu'il reçoit d'autres patients.

Je suis assise par terre avec eux. Ils me montrent des jouets dont je ne connais pas le fonctionnement. Depuis des années, tout objet d'amusement m'est interdit. Très vite, les enfants s'aperçoivent que je ne suis pas comme eux et la honte m'envahit. Je tente d'imaginer leur vie heureuse. La douleur et l'envie m'assaillent. Je prends pleinement conscience que je suis une petite fille qui a perdu ses amarres et flotte au vent. Et lorsque ma mère me récupère dans le cabinet après ma soi-disant séance de thérapie, elle me pousse avec de petites claques sur la tête pour que j'avance plus vite. La peur, la tristesse, l'angoisse, le découragement se saisissent à nouveau de tout mon être de « mauvaise personne ». Ces moments passés avec la famille du psychiatre m'offrent quand même des instants d'accalmie. Cela ne dure que trois semaines, car ma mère s'aperçoit que je suis heureuse de me rendre chez le médecin et fait stopper les séances. En effet, elle espérait un traitement sévère avec les électrochocs et, visiblement, ces échappatoires me rendent joyeuse.

Cela ne l'empêche pas de me les promettre tout de même en me les décrivant : selon elle, cela fait mal et après, je serai une sorte de zombie avec un cerveau presque mort, mais je serai gentille et non plus une meurtrière en puissance comme mon père.

— Tu ne feras plus de mal à personne !

Heureusement, elle ne parvint jamais à ses fins, mais j'ai vécu toutes les années suivantes dans la terreur des électrochocs à venir, tant elle réitéra cette promesse.

Quand je serai grande, si je suis encore en vie, je vivrai avec des chats.

Chapitre 11

Assommée d'amour

« Prends-moi par la main... »

Je suis toujours très mauvaise élève ou considérée comme telle. Malgré tout, chacun s'accorde à reconnaître mes compétences en français. On m'éclaire une seule fois sur une règle de grammaire, elle est acquise pour la vie. En conséquence, les institutrices sont persuadées que je mets de la mauvaise volonté en boycottant mes devoirs à la maison et en refusant de progresser dans les autres disciplines.

— Tu as des capacités, mais tu ne veux pas travailler ! Tu finiras mendiante dans la rue.

Mendiante... je le suis déjà si souvent.

Comment leur expliquer que je n'ai pas le droit d'étudier chez moi ? Je ne peux pas leur avouer, c'est trop dangereux. Alors je baisse la tête, humiliée et impuissante tant ma volonté d'apprendre est colossale. Je suis condamnée à voir se fermer devant moi les portes du savoir.

Pour une raison qui m'est inconnue, je suis exclue de l'école du Montet en fin de CM2 et mon passage en 6ᵉ est refusé. Si le doublement d'une classe est plutôt rare aujourd'hui, il est courant dans les années soixante. Mes résultats sont lamentables et je n'atteins pas cette fameuse moyenne qui ferait de moi un être « normalement intelligent » pour passer dans la classe supérieure.

Je me retrouve à nouveau en CM2, mais à l'école Saint Pierre, en face de mon église, tout près de l'hôpital central que je connais par cœur. J'ai alors douze ans. Je n'ignore pas que je suis bête, déjà parce que ma mère et tous les enseignants me l'affirment continuellement, mais, en outre, je suis complexée par mes deux ans de retard rien qu'en primaire. En plus des brimades des adultes qui me demandent régulièrement si je n'ai pas honte (eh oui, j'ai honte...), je subis les moqueries des autres élèves, que j'envie lorsque leurs parents les serrent dans leurs bras à la sortie de l'école. Je tente d'imaginer comme cela doit être doux de mettre sa petite main dans celle de sa maman en rentrant à la maison.

J'ai tant espéré que la mienne soit dans celle d'un adulte qui prendrait soin de moi, qu'encore aujourd'hui, je garde cette image. Tout homme souhaitant me séduire sait dorénavant qu'il devra me prendre par la main...

Mon deuxième CM2 n'est pas meilleur que le premier, mais un événement déclencheur marque ma vie.

Une directrice inoubliable

Terrorisée par les coups à la maison, c'est devenu un réflexe de me protéger le visage pour esquiver une gifle dès qu'un adulte passe près de moi, y compris à l'école. Certes, les châtiments corporels existent encore comme stimulants de l'apprentissage, je me suis d'ailleurs pris quelques coups durant ma scolarité à l'école du Montet. Néanmoins, ma réaction devrait interpeller les enseignants.

Chargée des CM2, la directrice ne m'observe jamais avec bienveillance, mais elle est étonnée de certaines de mes réponses justes. Ses regards et sa façon de me traiter sont mitigés : tantôt elle m'interroge, tantôt elle m'ignore, tantôt elle me punit pour ne pas avoir fait mes devoirs, mais ce n'est plus du mépris comme avant… elle paraît intriguée.

Un jour, elle déambule à côté de moi dans l'allée de la classe et, spontanément, je lève un bras pour me prémunir d'une possible claque. Elle s'arrête et, excédée, m'assure qu'elle ne va pas me battre. Je redresse alors lentement la tête et la directrice observe ma figure colorée par endroits, virant au jaune autour des taches bleues ou noires. Cet examen dure quelques secondes dans le mutisme complet, puis :

— Comment t'es-tu fait cela au visage, me demande-t-elle ?

— Je me suis cognée contre une armoire.

Sa mine impassible se fige sur ma frimousse encore pendant un temps qui me paraît long, parce que j'ai peur de ce regard insistant que je ne sais interpréter. Puis elle décide :

— À 11 h 30, tu viendras me voir au lieu de sortir en même temps que tes camarades.

Bon, je vais encore être punie, mais ce n'est pas ce qui m'inquiète le plus : je serai en retard à la maison.

Lorsque la cloche sonne, je reste sur ma chaise. Elle m'invite à venir près de son bureau. Elle me demande de lui raconter comment cela se passe chez moi. Je mens et invente une vie quotidienne comme je suppose qu'elle existe dans les autres familles. Je résiste au moins quinze minutes grâce à tout ce que j'ai appris à dire. Je me sens courageuse et fière de moi.

Et là, à ma grande surprise, elle me prend par la taille et me serre contre elle. Personne ne m'avait étreinte ainsi dans un geste affectueux depuis tant d'années. Elle est assise à son bureau et moi debout à côté d'elle. Elle me gratifie de ce geste protecteur qui me manque depuis plus de six ans. Elle m'enlace contre elle et je craque. Incapable tout à coup de maîtriser mes émotions, je verse toutes les larmes de mon corps et lui avoue tout : les coups, les tortures, l'interdiction de faire mes devoirs, la cave, les électrochocs, l'hôpital central, ma culpabilité d'être quelqu'un de méchant, l'épouvante constante instaurée par ma mère, mon dégoût de vivre, la honte indicible et l'inaptitude pour moi à devenir meilleure. Je la supplie de ne rien répéter parce qu'à chaque fois, les policiers me ramènent à la maison et c'est toujours pire pour moi. À la fin de mon récit, ma maîtresse est émue et son regard embué rencontre le mien.

Elle me promet que cette fois, cela ne se passera pas ainsi. Je la crois et suis envahie par l'espoir insensé qu'on va peut-être me retirer de chez ma génitrice. Une heure après, pendant que je mange seule avec la directrice un repas qu'on nous a livré dans la salle de classe, des policiers souriants et bienveillants apparaissent. Ils sont accompagnés d'une dame en civil — je n'ai jamais connu sa fonction. Je suis transportée tout près, à l'hôpital central, pour un examen complet.

Tout d'abord, je refuse de me déshabiller, car je ne peux pas montrer ce corps mortifié et estropié. Une infirmière parvient à me calmer et m'aide à me dévêtir. C'est durant ces longues auscultations que l'on s'aperçoit que je manque de tout. Je suis déshydratée, trop petite et trop maigre pour mon âge, et la prise de sang révèle une carence en vitamines diverses. Par ailleurs, les radios témoignent d'un nombre époustouflant de fractures non réparées. Bras et jambes, doigts, crâne, nez, mâchoire, ce qui fait qu'à l'âge adulte, cette dernière est totalement déviée, tout comme mes cloisons nasales, ce qui gêne ma respiration.

J'entends des chuchotements tout autour de moi, des murmures d'indignation et de doutes. J'ai envie de leur crier qu'ils n'ont pas besoin de me cacher leur stupeur, que je connais mieux que personne mon calvaire de pourriture, de douleurs et de souffrances, de coups, de choses à ne pas dire, d'horreur et de haine. De toute façon, ils ne feront rien !

Foyer de répit

Les hommes et les femmes en blouse blanche soignent comme ils peuvent mes plaies ouvertes, tout en n'osant pas me regarder en face. Le soir, on m'héberge dans un foyer de la DDASS. J'ai déjà la certitude que je n'y resterai pas longtemps et que très bientôt, trop bientôt, je serai rendue à ma mère.

Cette dernière jure son innocence devant les forces de l'ordre. Je ne sais pas si elle a été interrogée par les services sociaux. Elle m'accuse de tous les maux de la terre. Elle affirme que c'est ma famille d'accueil qui m'a mal élevée et implore les gens présents de lui rendre sa petite Michèle qu'on lui avait déjà volée à l'âge de onze jours.

— C'est moi sa mère et je vais la rééduquer !

Je suis heureuse pendant un mois. Tous les soirs, à la sortie de l'école, un minibus vient me chercher et me ramène au foyer. On m'y fait goûter. Que c'est bon de manger sans voler ! Oh, ce n'est pas méchant : je dérobe pour les chats et un tout petit peu pour moi. Par exemple, au magasin Prisunic de Nancy, dès que je m'approche de l'énorme rayon de bonbons en libre-service, je fais tomber la moitié de l'étalage. La vendeuse se met en colère et je propose de l'aider en la priant de bien vouloir m'excuser. Et en rangeant avec elle, je glisse de grosses poignées de bonbons dans mes poches. Ou alors, je me promène devant l'étal extérieur d'une épicerie, je vole un fruit et me sauve en courant le plus vite possible… totalement terrifiée à l'idée que l'on puisse me rattraper. Puis je m'arrête à un coin de rue, tente de récupérer un rythme de respiration normale, satisfaite du résultat de ma chasse. Avoir eu le courage un jour de plus de subvenir à nos besoins, ceux des chats et les miens, me ravit. Cela me redonne confiance pour quelques heures, car, dans mon for intérieur, je vis au jour le jour, une épée de Damoclès suspendue au-dessus de ma tête, dans l'attente permanente que saute le couvercle qui recouvre la folie de ma mère.

Au foyer, une dame m'aide à apprendre mes leçons par cœur. Inutile de dire que j'arrive très vite dans le peloton de tête parmi ces élèves qui ne me regardent plus de travers et me considèrent enfin différemment.

Redoublement de violence

La fin de l'année approche et il est décidé que je passerai en 6e au lycée Jeanne d'Arc[3] à Nancy. C'est aussi l'époque où, encore une fois, ma mère réussit à me récupérer. Les sévices reprennent de plus belle. Par chance, je retrouve dans la cave les chats, qui m'aident à supporter ce que l'on ne peut pas décemment nommer « une vie ».

Mes amis reviennent dès le premier soir, me protègent de l'angoisse, me consolent, lèchent toujours mes plaies ouvertes et je pense qu'ils les désinfectent. Jamais, quand ils jouent leur rôle de soigneurs, je n'ai de blessure purulente. Je ne suis plus étonnée de leur fidélité. Ils s'engouffrent sur-le-champ dans mon caveau dès qu'ils sentent ma présence. S'ils ne revenaient pas, j'abandonnerais la vie. Ce sont les seuls êtres à me venir en aide et me donner tant d'amour. Alors je décide de vivre encore… un peu, de tenter de m'accrocher pour respecter leur mission auprès de moi. Je ne peux pas mourir en délaissant ces petits êtres fabuleux. Je n'existe que pour eux. Ils emplissent la cave de tant d'affection que son énergie semble se modifier. Leur tendresse et leur compassion m'émerveillent.

Un jour, la sorcière casse deux de mes incisives supérieures à l'aide d'un coup de marteau. Je suis donc encore plus affreuse ! Je ne sais pourquoi, elle m'envoie à l'école alors que mes lèvres boursouflées et mes gencives saignent. Distraction ? Le lycée Jeanne d'Arc,

3. On parlait alors d'entrer au « lycée » dès la 6e.

me voyant arriver dans cet état, prévient l'hôpital et je suis encore soignée, pansée. On me fabrique de fausses quenottes et, à l'issue de quelques jours d'hospitalisation, on me réexpédie en foyer.

Dernière de ma classe de 6e, je remonte toutes mes moyennes de manière spectaculaire. Mais le conseil de classe, me trouvant désespérément trop irrégulière (et pour cause !), me fait doubler encore une fois. Cela me fait trois ans de retard. Il est même question de me mettre en CPPN, ces classes qui accueillent des élèves en échec scolaire.

Il est curieux que les adultes ne s'aperçoivent jamais que tout va bien à l'école lorsque je suis en foyer, mais tout va mal dès qu'on me ramène chez ma mère. De surcroît, les rapports émanant des éducateurs des foyers me décrivent comme une « fillette adorable et sage ». Certes, l'informatique n'existe pas, mais j'imagine qu'on discute tout de même entre professeurs ? Aujourd'hui, avec le recul, je ne vois qu'une seule explication : ils s'en fichaient éperdument.

Quand je serai grande, si je suis encore en vie, je vivrai avec des chats.

Chapitre 12

Bienvenue dans le monde adulte

Adieu l'espoir

Je n'ai que douze ans. Je ne sais donc pas que je suis en dépression. Épuisée par l'existence, par les services sociaux et les tribunaux qui m'ont encore une fois ramenée à ma mère, je ne crois plus en rien, pas même en Dieu. L'amour que je suis capable de donner est entièrement voué aux chats. Décidément, eux seuls savent me le rendre au centuple. Ils m'acceptent et m'aiment comme je suis : affreuse, sale, bête, méchante, mauvaise. Ce sont les félins qui m'apprennent que je dois tout faire pour que mon âme reste bien accrochée afin de ne pas sombrer. Ils m'enseignent la persévérance et l'espoir de grandir. Oui ! L'espoir de grandir…

Malgré tout, malgré eux, malgré leur présence et leur réconfort, chaque nuit je perds espoir, pour me réveiller tous les matins lucide à frémir : je visualise la journée que je vais vivre, elle n'a rien d'encourageant. Je prends conscience que le destin m'arnaque à tous les coups et m'extirpe à grand peine de ce malaise quotidien. Le réveil est incontestablement le moment le plus dur à encaisser.

La plupart du temps, je glisse mes devoirs à faire par la lucarne de la cave avant de remonter dans le territoire du monstre. Ma fin de journée débute en faisant les lits, la vaisselle de midi et, suivant les jours, la lessive, la poussière, etc. Ensuite, je demeure à genoux, face au mur, dans la salle à manger pendant que le reste de la famille se met à table. Il y a longtemps que ma mère ne me donne plus de prétexte pour m'obliger à tâter le parquet de mes rotules. Après le repas, auquel je n'ai pas droit, je débarrasse la table, lave et range la vaisselle et retourne à genoux sur le sol pendant que ma petite sœur regarde à la télévision *Bonne nuit les petits* avec Nounours, Pimprenelle, Nicolas et le marchand de sable. Durant ce laps de temps, Renée se fait étourdir de coups sans plus de motifs que pour moi. Le dragon finit par me redescendre dans mon antre avec un quignon de pain qui, quelquefois, sera perdu en cours de route en raison des soubresauts de l'escalier cahoteux. Comment faire des devoirs propres et appliqués sur un tas de charbon ? J'ai zéro à chaque fois.

Adieu la vie

Un soir, ma mère me fait dormir dans le lit avec mes deux sœurs. Je prends une lampe de poche et emprunte les crayons de couleur d'Alice. Je me terre tout au fond du lit pour que le faible éclairage ne se voie pas et je dessine une très belle carte de géographie pour le lendemain. Je la présente au professeur. C'est un homme d'un certain âge au crâne chauve. À part me distribuer des zéros à tour de bras, il m'ignore. Il me regarde de travers et me dit :

— Tu n'as jamais réalisé une carte comme celle-ci. Ce n'est pas toi qui l'as faite : 0/20 !

Je suis consternée, démoralisée. Si cet enseignant savait tout ce qu'il m'a fallu de courage, d'astuce, d'énergie pour parvenir à lui créer cette carte, comment aurait-il réagi ? Ma volonté de parvenir à être une « bonne élève » se désintègre en un instant. Je suis abattue et ne ferai plus d'efforts. À partir de ce moment, je n'ai plus confiance en aucun adulte. Absolument aucun. Et c'est toujours d'actualité. Il me faut bien des observations pour que j'accorde ma confiance à quelqu'un.

De plus, ma mère s'apercevant que je commence à préférer descendre dans la cave plutôt que de rester dans l'appartement maudit, décide que mon refuge sera pour Renée, ma sœur aînée. Je n'ai jamais su si elle avait aimé mes compagnons de survie autant que moi. J'ai donc droit au cellier de quatre mètres carrés.

Dans ce cagibi noir, sans fenêtre, et dont l'interrupteur se trouve dans le petit couloir, se dressent des étagères avec des produits ménagers. Je dors à même le sol en béton. La plupart du temps recroquevillée sur moi-même, je ne me donne plus aucune peine à l'école. Je tente de me suicider, mais j'échoue. En effet, j'attrape dans le buffet de la salle à manger une boîte d'Aspro (des petits cachets roses à l'époque) et j'avale les soixante comprimés, alors que je suis enfermée dans mon placard. Apparemment, je ne suis pas allergique à l'aspirine, car il ne m'arrive strictement rien. Je n'ai aucune explication à ce fait curieux.

Oui, maman, je t'aime

Certains soirs, dès que mes sœurs sont couchées, ma mère me fait sortir du cagibi et asseoir dans la cuisine attenante. Elle se place sur ma droite armée d'un couteau. Et la séance commence. Elle m'ordonne de lui affirmer :

— Maman, je t'aime et maintenant je serai gentille.

Je suis obligée de lui répéter bêtement cette phrase, sans quoi elle me coupera la main droite, parce que je suis droitière. Je m'exécute, mais elle me lacère avec la lame si je ne la proclame pas avec assez de conviction. J'ai encore de légères cicatrices sur la face interne du poignet. Totalement terrorisée, j'apprends donc à jouer la comédie et à lui affirmer avec persuasion :

— Maman, je t'aime et maintenant je serai gentille !

Il faut que mon beau-père « gueule » de son lit qu'il aimerait bien dormir pour que ma mère m'enferme à nouveau dans le silence du cellier, silence que j'entends, malgré les sanglots étouffés provoqués par mon immense panique. En plus, je ne sais plus depuis longtemps ce que signifie « être gentille ».

Femme ou traînée ?

J'ai douze ans et demi quand je me découvre une maladie dans les WC sur le palier. Perdant du sang en urinant, je pense être gravement atteinte d'un mal inconnu. Pourtant, moi qui n'ai que le désir sincère de mourir, je m'affole et pleure dans les toilettes. Je suis épouvantée par ce qui m'arrive. Ma mère, ne me voyant pas revenir, vient me chercher. Elle me donne quelque chose pour me protéger sans m'expliquer du tout que j'ai mes règles pour la première fois.

Ma maladie n'en est pas une. Je suis simplement devenue une « salope qui doit être surveillée », crache-t-elle. Je ne comprends rien. Et je ne vois pas le rapport entre le sang que je perds et ses invectives.

À partir de ce moment, les sévices sexuels commencent. Une fois par semaine, durant la toilette devant l'évier, elle m'oblige à me pencher nue vers l'avant. Elle désire vérifier que les « trous ne se sont pas élargis ». Ne connaissant rien de l'accouplement, je ne comprends pas son obsession. Je sais juste comment on accouche parce que, dans la cour de l'école, des filles de mon âge me l'ont expliqué :

— Le médecin passe son bras dans la vessie de la future maman et monte jusque dans l'estomac pour faire descendre le bébé.

Je décide que je n'aurai jamais d'enfant ! (je ne sais pas encore que je ne pourrai être mère.)

Je vis cette intrusion avec angoisse et suis d'autant plus inquiète qu'étant nue, je n'ai pas de vêtements pour amortir les coups risquant de pleuvoir à tout instant.

Par ailleurs, quand cela lui prend, elle m'ordonne de me mettre nue les jambes écartées, et elle me frappe avec le ceinturon au niveau du sexe. Elle l'atteint rarement parce que je place mes mains devant. Et heureusement, elle n'a jamais l'idée dans ces circonstances de m'attacher. Je pense aujourd'hui qu'elle désirait finir le travail commencé quand j'avais onze jours.

Une fois, à l'âge de treize ans, je me gratte le genou, probablement parce qu'un moustique ou autre m'a piquée. Ma mère me tape sauvagement sous prétexte qu'il s'agit d'une faute grave que de « se toucher » et que, décidément, je suis bien une « salope ».

— Depuis que tu es réglée, tu es une femme, et forcément de la mauvaise graine comme ton père, ça devient une salope, une traînée !

Étant donné mon peu d'éducation, je n'ai pas la moindre idée de ce que peut être la masturbation. Bien sûr, comme toutes les petites filles, vers l'âge de sept ans, j'ai bien remarqué qu'en serrant les jambes cela me procure du plaisir, ce qui m'effraie, car je ne peux mettre ni mot ni explication sur ce phénomène étrange. En tout cas, je ne vois pas le rapport avec le fait de se gratter le genou.

Quand je serai grande, si je suis encore en vie, je vivrai avec des chats.

Chapitre 13

En perdition

Psychopathologie de la vie quotidienne

Un psychiatre peut-il définir la pathologie de ma mère ? Son comportement fut toujours bizarre, déviant et violent. L'enchaînement des événements suit toujours le même déroulement : par exemple, je suis pour un temps très court en paix dans la salle à manger ou bien en train de laver la vaisselle dans la cuisine. Malgré tout, je ne suis jamais seule. Ma mère s'installe derrière moi et je la sens qui me surveille. Très régulièrement, sans qu'elle prononce un mot, je discerne ses pensées qui s'agitent : elle rumine des idées machiavéliques sur mon géniteur et moi, et chuchote des propos venimeux à notre encontre. Comme un orage qui se rapproche, les murmures deviennent de plus en plus audibles pour atteindre crescendo le paroxysme de la colère. Le martèlement des insultes et des coups démarre en même temps qu'elle se lève et m'approche :

— Tu n'es qu'une grosse bique, une saleté, tu n'aurais pas dû vivre.

Aveuglée par la rage, elle redouble de brutalité, de force et de rapidité. Une furie ! Ma peau se zèbre de marbrures. Elle m'adosse au mur, me coince le ventre avec son genou. Dès que je me ranime dans un pleur violent, elle me bute le crâne du poing, avec un geste précis. Ma petite sœur regarde, indifférente, trop habituée. Je me retrouve la tête dans le ventre. Ma mère n'est satisfaite que quand le sang coule, gicle. C'est du crime. Un crime inachevé.

Étourdie, je me relève, un filet de sang chaud coulant de mon crâne. Je m'effondre.

Je me réveille dans une pièce inconnue. Quelque chose sur ma bouche, une texture rugueuse sur mes lèvres, comme du papier de verre. Et sous ma joue, une surface dure, froide comme un glaçon contre ma peau. Si c'est bien ma peau. Je n'en suis pas sûre. Tout me donne une impression tellement étrange.

— Comment te sens-tu, Michèle ?

Cette voix bizarre vient de derrière moi. Je ne vois pas l'homme qui m'a posé cette question, mais devine l'ombre de sa silhouette. Je suis dans le brouillard et à l'hôpital, sur la table d'opération. Ce n'est pas la dernière fois.

Souvent, lorsqu'elle m'envoie à l'école sans m'avoir fait le moindre reproche avant de partir, je crois pouvoir rentrer le soir à la maison sans subir trop de violences. Or, durant la journée, elle a ruminé... et la soirée est infernale. Quand j'ose demander ce que j'ai fait, elle me répond toujours selon le même schéma :

— Il y a tant de mois (ou d'années), tu as fait telle ou telle bêtise !

C'est donc bien ce que je demande : de quelle pathologie souffre-t-elle ? Elle m'assassine petit à petit pour des bêtises absurdes que j'aurais faites des mois ou des années auparavant et qu'elle a ruminées toute la journée. Le lendemain, ce n'est pas fini. Si je reste dans l'appartement, je passe la journée entière à genoux sur le plancher de la salle à manger. Je n'invente pas. Ce ne serait pas drôle.

La promeneuse solitaire

Je n'ai plus le moindre désir. Même plus envie de manger, de rire, de vivre. Je suis comme une bête perdue, sans signification, sans destin. Rien ne me rattache à la condition d'enfant.

Heureusement, ma mère me jette souvent dans la rue par périodes revigorantes pour moi. Je sors ainsi presque chaque soir (et parfois en journée) avec mon baluchon, comme un pantin projeté, débraillé et de toutes les couleurs. Grâce aux coups, je ne suis jamais pâle.

Le pire, c'est évidemment l'automne, puis l'hiver. Un jour d'octobre, je me réveille près du canal à Saint-Max, banlieue de Nancy. Je me promène le long de sa rive, absorbée par le paysage. Les rameaux dénudés des saules pendant au-dessus de l'eau dessinent de fins plumets sur l'onde. La nature prend déjà des teintes brunes et douces. Marchant sur les feuilles mortes humides, je ferme les yeux un instant. Comment mourir ? Comment vivre ? Derrière l'odeur d'eau croupie et de terre mouillée, je crois encore sentir le parfum entêtant que dégageaient les fleurs de sureau au mois de juin. Ces effluves matinales me rappellent les sentiers de mes errances solitaires. Bien qu'il n'ait pas plu depuis une semaine, le chemin est couvert d'une boue glissante qui amortit les bruits. Je passe sous les arbres dans un silence inquiétant. Je veux crever. Oui, c'est bien le mot : « crever ». Pourtant, je n'ose pas me jeter à l'eau ou sous un train. Je me dis en effet que si je me rate, je risque d'avoir très mal. Même le pépiement au timbre métallique des oiseaux se tait. Perçoivent-ils mes pensées ? Sont-ils télépathes ? Ou bien ce sont mes pas qui les effraient ? Je dois me reprendre et, pour cela, je pense à mes compagnons de survie dans la cave. Je dois faire un effort pour m'extraire du désespoir. Sur ma droite, le fossé qui borde le canal verdoie encore. Une herbe drue recouvre les pneus crevés, les vieux matelas, les chiffons qui pourrissent en ses profondeurs. Et les ramilles du saule laissent tomber leurs feuilles sur une eau trop huileuse et stagnante pour les engloutir. Le dépotoir des humains.

Les nuages de pluie prévus pour l'après-midi commencent à arriver, mais il continue à faire chaud pour la saison. Je perçois une odeur de rivière et d'herbe tiède. Cette fois-ci, étant trop marquée au visage, je fais l'école buissonnière et reste là un moment à savourer cette senteur. Tout à coup, je réalise être en train de chercher une issue létale avec une acuité et un calme olympiens. Je comprends qu'en grandissant, ma lassitude et mon impuissance à devenir comme les autres me conduisent vers l'acceptation et l'échafaudage d'un plan pour en finir une fois pour toutes. Cette saisissante lucidité me décontenance. Je sais que le suicide est désormais moins effrayant et envisageable. Presque rassurant.

Encore aujourd'hui, la promenade le long d'un canal me reste insupportable. Lorsque je me force, pour faire plaisir à des amis, j'éprouve le même sentiment d'abandon, de panique, d'absolu désespoir. Toutefois, je ne me force plus depuis une dizaine d'années. J'ai appris à dire « non ».

Perdition urbaine

Ma mère me renvoie à la rue en ce 6 décembre. Je décide d'explorer le centre-ville afin de trouver quelque chose à glaner. Et puis, peut-être que mon cafard envahissant sur les berges du canal ne se promènera pas dans les quartiers animés. La foule se déverse dans les rues en raison de la fête de la Saint-Nicolas. Je suis seule, menacée par une interminable et terrifiante forêt de jambes en mouvement. Le sol est couvert de flaques. Un vent obstiné tiraille les guirlandes lumineuses tendues en travers des rues, secouant les bâches des éventaires du marché de Noël installé sur la place André Maginot. La population de Nancy n'est pas du genre à se laisser décourager par quelques gouttes de pluie, et surtout ne plaisante pas avec les festivités de la Saint-Nicolas. En conséquence, le lieu où je me trouve est noir de monde. Les commerces du centre-ville sont brillamment éclairés et leurs vitrines s'enorgueillissent des décorations de saison, des rennes, des pères Noël aux joues rouges, et beaucoup de neige artificielle, tandis que des odeurs de vin chaud et de pain d'épices flottent dans l'air.

À l'inverse, presque trois semaines plus tard à Noël, les rues de mon quartier sont mortes. Le jour disparaît. C'est désert. Inhumain. Je peux parcourir des chaussées entières sans croiser personne.

Je lève les yeux vers la lumière filtrée par les rideaux à fleurs des maisons. Tout semble calme et rassurant. Je me demande si un jour, moi aussi…

En attendant, je songe que des enfants de mon âge attendent leurs cadeaux dans les bras de parents aimants, je suis triste et j'ai faim.

Je me dirige vers la cathédrale pour la messe de minuit à la recherche d'un peu de chaleur. Je la connais bien, enfin, surtout sa sacristie : souvent, je m'installe à terre avec un gros paquet d'hosties pour me nourrir.

Me persuadant de croire encore à la bonté du Seigneur, je m'assieds sur le parvis en tendant la main. C'est dur de tendre la main. Les familles entrent et m'ignorent royalement. Personne ne me donne ne serait-ce qu'une petite pièce. Alors, pour m'abriter, j'entre dans l'édifice du XVIIIe siècle. On ne me remarque pas. J'observe les fidèles : les vieux semblent regarder ceux de leur génération en se demandant quel sera le prochain à disparaître et en espérant que leur vessie les laissera tranquilles jusqu'à la fin du service.

Ah ! Noël... J'ai aussi vu la chaîne ininterrompue des jeunes condamnés à la rue. Si tout était racontable… Pour ceux-là, pas de Noël, pas de trêve, pas de répit : 24 décembre ou pas, ils ont faim et froid.

J'ai horreur des fêtes de fin d'année, encore maintenant, à l'aube de mes soixante-trois ans.

Aujourd'hui, l'église est devenue un lieu où je me sens une étrangère, un lieu qui me parle de privilèges. Ces monuments semblent affirmer qu'après avoir hérité de la terre, les riches peuvent espérer s'assurer d'avantages similaires lorsqu'ils monteront au ciel.

Orange amère

Un matin, ma mère m'expulse sur le trottoir. On ne voit plus mon œil droit et mes vêtements sont maculés de sang. Ainsi mutilé, mon corps semble avoir perdu ce qui faisait mon humanité : vie, identité, dignité. Madame F., une assistante sociale que je reconnais comme une des fidèles de l'église, me récupère discrètement chez elle. Mon œil gauche la lorgne avec une sorte de terrible prescience. En effet, cette bonne âme désinfecte mes plaies avec charité chrétienne pendant que je l'implore de ne pas appeler la police, puisque je serai automatiquement ramenée à la maison. Elle pose devant moi un gâteau aux noix et à la confiture d'orange, précise-t-elle. Elle sourit quand j'en accepte une tranche. Sèche et fade, la pâtisserie se désintègre dans ma bouche pour former une pâte collante. De petits morceaux d'écorce perdus dans l'ensemble ont un goût rance. Je fais descendre cette espèce de plâtre avec une gorgée de sirop de grenadine trop sucrée. Je ne m'aviserais pas de laisser un triton prendre son bain dans ce truc ! Depuis ce jour, je hais tout ce qui est à l'orange dans les gâteaux, les confiseries de toutes sortes et les tisanes.

Par intermittence, on entend une mouche bourdonner dans la pièce.

Elle sourit toujours, comme si on pouvait tirer quelque consolation, voire quelque fierté, du fait que le destin ait choisi ma famille pour illustrer les statistiques arbitraires de la faillibilité humaine. Soudain, le bourdonnement de la mouche devient insupportable quand elle répète comme tant d'autres :

— On est toujours mieux avec sa vraie mère que dans un foyer ou dans une famille d'accueil.

Je n'en peux plus d'entendre ce couplet.

Comme c'est étrange, me dis-je : mon cerveau est encore capable de raisonner alors que mon corps m'a complètement lâchée.

Je sors en boitant et la remercie pour son gâteau.

On dit que l'indifférence est le pire des mépris, mais je ne pense pas qu'elle me méprise. Elle s'en fiche, c'est tout. Martin Luther King a dit : « Ce qui m'effraie, ce n'est pas l'oppression des méchants, c'est l'indifférence des bons. »

Cette femme, qui vient de remplir mon estomac tout en me soignant un peu, ne se sent pas concernée. Pourtant, elle est assistante sociale. Elle est apathique et c'est tout juste si elle ne me souhaite pas une bonne journée. Aucune douleur, aucun regret, aucune envie de m'aider un peu plus, aucune méchanceté non plus, rien. C'est tout.

Foyers pour désarmés

J'ai quatorze ou quinze ans. Les courts séjours en foyer s'imposent de plus en plus dans mon existence. Afin que je me rende au lycée tous les jours, on décide de me placer provisoirement — bien trop provisoirement — dans divers centres pour orphelins. À chaque fois, je m'en réjouis.

Une dame, dont je ne connais ni le nom ni la fonction, m'accompagne dans une espèce de bâtisse pour enfants, rue Saint-Dizier à Nancy. Tandis que j'atteins la porte du foyer, je jette un coup d'œil à la plate-bande que quelques fidèles amateurs de jardinage essaient d'entretenir, avec plus d'optimisme que de succès, sur le sol très pauvre de l'allée. La lourde grille s'est refermée derrière nous.

Les éducatrices me guident avec une compétence enjouée et maternelle. On dirait qu'elles veulent assurer aux visiteurs que, même si cet endroit ressemble à une prison, il n'en est pas moins bénéfique qu'une maison de repos et que nous sommes là pour notre bien.

Ma mère participe à la visite, car elle espère qu'on m'y gardera pour me faire ces fameux électrochocs. Cela m'angoisse. D'accord, je n'en ai jamais subis, mais quand, avec le recul, je constate l'incapacité des services sociaux de l'époque, j'en ai encore des frissons.

Les « services sociaux », parlons-en. Ils se serrent dans cette pièce sans humanité pour laisser évoluer mon pantin de génitrice, stupéfaits par l'infinie bonté et le courage qui émanent fallacieusement d'elle. En effet, ses yeux pleurent et sa bouche déformée par les sanglots assure qu'elle aime son enfant, mais que cette dernière est méchante.

— Michèle me mènera à l'échafaud, car elle est comme son père, une meurtrière. Elle est mauvaise dans son sang, scande-t-elle.

Les travailleurs sociaux trempent avec elle dans l'irréel, se laissent conduire, la cervelle vagabonde. Ils sont trois à gloutonner la fiction. À la fin, le psychologue me promet la maison de redressement si je ne suis pas plus gentille... Cet homme est aussi peu sensible aux nuances du langage que psychologue.

Face à lui, une crainte alerte mon inconscient. Et s'il décidait d'ordonner des électrochocs ?

À cela s'ajoutent mes vêtements mal entretenus et ma peau mal lavée qui dégagent des relents aigres. J'ai honte. Quand un malheur frappe un enfant, il pense toujours que c'est sa faute. Il faut dire que je suis bien « aidée » par les services de l'État, qui me renverront d'ailleurs chez moi à l'issue de deux semaines.

Pour le moment, une petite diversion est la bienvenue pour interrompre ma mère dans son verbiage confus. Une dame nous fait visiter le centre. Je découvre au rez-de-chaussée les cuisines qui dégagent des odeurs écœurantes pour moi qui suis surtout nourrie de pain et souvent rassis. Le réfectoire est vieux, mais je ne suis pas étonnée, car jamais encore je n'ai été emmenée dans de beaux bâtiments. La femme, un peu revêche, me fait pénétrer dans une salle d'eau qui a depuis longtemps perdu la bataille contre la moisissure. Tout cela imprégné des odeurs aigres-douces de la

« boîte à bouffe » en dessous. Le dortoir ne m'intéresse pas. Je suis presque dans un état de léthargie.

Plus tard, lors d'une visite de ma mère, un soleil printanier diffuse plus de lumière que de chaleur sur Nancy. J'ai peur et me sens prise au piège dans cette pièce de l'assistance publique avec son bureau métallique, ses chaises bancales, son lino qui rebique le long des murs tapissés d'un abominable papier peint floqué rouge. Ma mère s'installe en face de moi, le visage tendu, une détermination sinistre sur ses traits qui expriment déjà rarement la joie de vivre, même dans ses meilleurs jours. Elle renifle et me demande avec sa voix mielleuse si, un jour, je me laisserai dresser pour ne pas devenir comme mon géniteur. Et elle ajoute :

— Alors, t'es pas plus heureuse à la maison qu'ici ?

Je ne sais quoi répondre, tant je suis lasse et tant mon envie de mourir ne me fiche pas la paix. S'abat alors sur la pièce un silence uniquement rompu par le cliquetis du radiateur acharné à combattre le froid de ce matin de mars, qui macule de condensation les carreaux de la fenêtre.

Quand je serai grande, si je suis encore en vie, je vivrai avec des chats !

Chapitre 14

Ma vie de chat

La félin attitude

Je ne parle pratiquement à personne. À force d'être considérée comme un déchet de l'humanité, j'ai fui sans vraiment le désirer ce monde dans lequel je ne peux et ne veux plus vivre. Je suis une bête sauvage avec, d'ailleurs, un retard de langage humain. Seuls les animaux m'intéressent. J'ai désespérément besoin d'eux, car ce sont les uniques êtres vivants à me respecter, à me consoler.

Tout au long de ces années, j'acquiers énormément de connaissances sur les chats : je sais traduire chaque miaulement différent, chaque attitude de leur corps, et suis persuadée d'être dans le vrai puisqu'en fonction de leurs comportements, je communique réellement avec eux et les rassure quand je sais qu'ils ont besoin de moi. Lorsque je séjourne en foyer, de temps en temps, j'ai le droit de sortir après mes devoirs jusqu'au dîner. Je cours près de la cave et les matous arrivent de leurs cachettes pour me faire la fête.

Les félins communiquent rarement avec moi par de vrais miaulements. En effet, il faut savoir qu'ils miaulent pour se faire entendre des humains. Moi, je ne suis pas un être humain. Je suis un animal blessé, terrorisé, inculte. Mes amis à quatre pattes me « parlent » donc dans leur langage, comme lorsqu'ils communiquent entre eux : murmures étranges, tonalités différentes dans certains bruits de gorge qui se ressemblent pour qui n'a pas l'habitude de les écouter, ronronnements différents dans leur intensité… ce que nous appellerons des chatuis[4]. Bref, ces êtres mystérieux possèdent un

4. Nous créons ce mot, car ceux qui s'appliquent habituellement aux chats – « miaulement », « ronronnement », « feulement » – ne représentent pas le plus important de la « chat-langue ». C'est pourquoi nous parlerons désormais de « chatuis », au singulier comme au pluriel, d'autant plus que les chats sont particulièrement sensibles au son « i ».

vocabulaire relativement élaboré et je perçois chaque nuance de leurs « discussions ». Pour moi, ce langage est naturel, puisque je ne communique quasiment qu'avec eux depuis l'âge de cinq ans et demi. J'émets les mêmes sons pour m'exprimer avec mes petits amours de la manière la plus naturelle qui soit. J'ai la sensation de faire partie intégrante de l'espèce féline.

Ainsi, quand ma mère me largue violemment en bas comme un seau de charbon, j'attends que mes complices de toujours s'engouffrent dans mon antre. Ils me flairent et ronronnent. Ils s'expriment par leur gestuelle élégante. Le dos rond qui se frotte contre moi signifie : « Je suis content que tu sois là. » Ils me reconnaissent en mettant leur museau sur les ailes de mon nez, ils caressent souvent mon visage avec leurs coussinets, ils écoutent en dressant les deux oreilles, quelquefois la tête légèrement inclinée et leur regard franc planté dans le mien. Lorsqu'ils ne sont pas d'accord, les oreilles se rabattent en arrière. Quand ils veulent s'approprier l'être que je suis, ils me pétrissent avec leurs griffes. On dirait que leur regard est fixe, parce que leurs yeux prennent toute la place dans l'orbite ; pourtant, les nuances de leur âme sont infinies. Ils se blottissent contre moi en boule pour me dire à quel point ils ont besoin de moi et qu'ils m'aiment. Ils sont d'une fidélité extrême, contrairement à ce que peuvent penser ceux qui ne les connaissent pas.

Quand je leur parle sans bouger, ils répondent avec leurs chatuis. Si je leur montre où j'ai mal, ils ne se précipitent pas sur ma blessure, mais prennent un temps de réflexion. Après deux ou trois minutes, sans même que je me rende compte qu'ils ont bougé, je sens leur chaleur exactement là où je souffre.

Ils donnent des coups de tête pour réclamer un câlin, ils se roulent les coussinets en l'air toujours en parlant et en ronronnant. Ils écoutent attentivement avant de répondre, en n'évitant jamais mon regard. Et c'est toujours drôle de voir, quand j'ai fini une phrase et que je leur pose une question, que la tête se remet droite en même temps que le chatuis se fait entendre.

Quand ils perçoivent le trousseau de clés de la sorcière, ils sortent par la fenêtre comme des boulets de canon. Ce n'est pas pour m'abandonner, c'est pour qu'elle ne les découvre pas, afin qu'ils puissent revenir dès que je serai seule.

Tout ceci est tellement intuitif que j'ai du mal à l'expliquer avec des mots. C'est donc en imitant leurs sons, mais aussi en les observant et en me concentrant sur leurs regards, que je leur raconte ma journée. Et ils me consolent. Je tiens le coup seulement grâce à eux.

Leur nombre varie entre un et six. Ne pouvant me mouvoir aisément à cause de mes lésions, ce sont eux qui m'obligent très souvent à me coucher. On dirait des médecins qui m'auscultent et pansent mes plaies. En effet, lorsque j'ai trop de difficultés à me placer en position allongée, les chats se mettent sur mon torse et, à cause de leur poids, pour moins souffrir, je suis obligée de m'étendre en grimaçant sur les briquettes de charbon, ce qui n'a rien d'un lit confortable.

Toujours en ronronnant affectueusement, ils font le point sur mon état physique et lèchent mes blessures ouvertes. Je me laisse faire, car je comprends qu'ils tentent de me guérir. Le comble est qu'ils y parviennent souvent.

Ensuite, c'est le temps de la tendresse infinie. L'un se met contre mes cheveux et, avant de s'endormir, il nettoie son terrain en débarrassant ma crinière du sang séché. Un autre se place contre mon flanc sur la gauche, un autre sur la droite, un autre sur mes pieds... Ils m'entourent physiquement pour me réchauffer et surtout psychologiquement, en dressant une barrière d'amour entre le monde extérieur et moi. Sans eux, je ne serais pas vivante aujourd'hui.

J'ai une maman !

J'entends des chatuis que je n'interprète pas. Mon regard fouille le charbon, car les étranges bruits proviennent d'un endroit à gauche de la lucarne. Alors, une chatte m'apporte aussitôt, un par un, par le cou, quatre bébés sans poils et aux yeux fermés ! Elle me scrute solennellement de ses yeux ambre semblant ne manifester aucune émotion apparente. Pourtant, je comprends : elle ne me les confie pas pour que je m'en occupe, j'en serais bien incapable, mais pour me présenter mes « frères et sœurs ». En effet, la minette se met immédiatement à s'occuper de moi comme une de ses minuscules merveilles... Je suis son cinquième chaton !

Bien sûr, je ne la tète pas, mais elle me lave en même temps qu'eux, joue avec moi, me lèche partout et « discute » dans notre langage commun, comme elle le fait avec ses petits. Si je me frotte la joue par exemple pendant qu'elle me lave, elle me donne une tape, toutes griffes rentrées, afin que je reste sage comme si j'étais un de ses trésors auxquels elle demande de rester tranquilles pendant la toilette. Je reconnais cet amour véritable et l'accepte, tout comme son autorité dans cette éducation parfaitement adaptée à mon environnement.

Ainsi, je dois apprendre à jouer ! À l'époque, je ne sais pas qu'une mère enseigne cela à ses bébés afin qu'ils deviennent de bons chasseurs. Je partage donc les jeux avec mes « frères et sœurs ». Je découvre très vite que certains de mes sens se développent. Moi aussi, je sais patiemment attendre la souris et foncer dessus, mais je ne suis pas aussi douée que les chats. En outre, je respecte trop la vie de tous les animaux pour me permettre de gagner à cette chasse. Néanmoins, ce divertissement m'oblige à surpasser mes douleurs et je me meus très rapidement, presque à la même vitesse qu'eux. J'apprends la ruse, le rire face à la colère des chatons qui « perdent » aux jeux. Pour nous amuser, nous avons des centaines de balles à notre disposition : les boulets de charbon.

Petit à petit, les chats m'enseignent la patience, la résilience, l'espoir, le sourire puis le rire, l'amour inconditionnel, la fidélité, la sagesse, la manière de me tenir pour avoir moins mal, la façon dont il faut que je me détende. Ils m'apprennent que l'idéal, quand ma mère me frappe, c'est de ne pas essayer de me défendre. Ils ont raison : mon inertie la décourage relativement vite. La peur de la souffrance physique, c'est un sentiment que les chats m'apprennent à contrôler.

Le matin, lorsque je me réveille, noire comme un petit ramoneur, j'ai tendance à me mettre debout d'un seul coup pour être prête quand la clé tournera dans la serrure avec son tintement sinistre. Or, j'ai toujours mal partout ! Et je ne sais pas que tous mes os sont cassés et ne seront jamais réparés correctement. Par des caresses sur les joues avec leurs jolies pattes de velours, par leurs doux ronronnements contre ma tête, leurs léchouilles sur le visage et dans les oreilles, les cheveux et les mains, les félins m'inculquent la façon dont je dois doucement m'éveiller. C'est ainsi que j'apprends, par amour pour eux, à m'étirer longuement au lieu de me lever comme une bombe.

Ensuite, ils m'enseignent la manière de gérer le stress après le réveil. Tandis que je commence à trembler de peur, les chats s'assoient calmement et ronronnent. Ils entendent mieux que moi. Je leur fais confiance. Je respire calmement comme eux et les observe. Quand tout à coup, leurs oreilles bougent en arrière et qu'ils tournent la tête vers la porte, je sais à l'avance que la sorcière descend. Ils fuient par les barreaux et je m'apprête psychologiquement à une journée de plus avec le diable.

Ma maman chatte n'a jamais filé par la lucarne quand ses petits étaient encore des chatons. Vaillante, elle est toujours restée cachée dans le nid de charbon qu'elle s'était fabriqué. D'une manière incroyable, elle avait appris à ses petits à faire silence quand l'alerte était donnée.

Pelotes de poils

Dans la nuit, les chats contre moi, je me laisse bercer par les mouvements de leur respiration. Cette chaleur qui vient couler sur ma peau, c'est la vie ! Quelque chose de certain, à quoi je peux toujours me raccrocher... encore aujourd'hui. Nous restons un temps, eux contre moi, moi contre eux, cois. Ce qui se passe des uns aux autres, de pattes à mains... ne se raconte pas. Je suis trop jeune pour avoir entendu parler de la ronronthérapie. Le terme n'existe d'ailleurs pas dans ces années-là.

Quand je reçois les caresses de ces trésors, les craintes et les doutes reculent en même temps que je déclenche leurs fabuleux ronrons sous l'impulsion de mes propres mains. Alors je m'endors.

Ce sont mes amours poilus qui développent également dans mon être le désir de m'exprimer, ce qui fera de moi une artiste plus tard. Avec eux, j'ai des amorces de rimes, qui viennent de je ne sais où... Des amorces de rimes qui s'enlacent, cabriolent, se défont dans ma tête. Mais je ne le souffle qu'à mes chats. Ces choses se cachent aux humains. Étant donné la façon dont ces derniers me traitent, comment le leur partager ?

Lorsque les félins me demandent à quoi je pense, j'ose leur raconter, voire leur réciter. J'entends des chevauchées de jolis mots tendres qui me bourdonnent à l'oreille. Se mêlent à mon sang. Explosent. Se rattachent à la suite des uns des autres... Des phrases entières qui se composent. De la mélodie. Pure. Tout en cristal. De l'eau dans les roches, voilà ce que sont mes poèmes pour les chats.

Cela surgit à mesure, en mesure. Parce qu'ils sont appuyés contre moi, que j'ai sous les mains cet étincellement de poils de toutes les couleurs se pavanant sous mes caresses, et que mon amour pour eux est sans limite.

Avec moi, vous avez du travail, mes braves compagnons ! Malgré vos soins et vos conseils, parfois, quand j'arrive dans la cave après une journée terrible, lentement, méticuleusement, des petits morceaux tranchants de moi se détachent de mon espoir. S'émiettent. Vous m'apprenez que mon mal et mon désespoir, ce n'est pas tant que d'être sale, souffrante et détestée mais bourrée d'amour à offrir moi aussi. Dans cette cave, les murs pleurent leur humidité par chacun de leurs pores, pourtant nous la rendons lumineuse.

Ma mère ne peut imaginer que je ne suis jamais seule sur mon tas de charbon. Elle ne se doute pas que l'enfer construit par elle s'arrête à la porte de la cave. Les chats m'ont érigé l'enceinte d'un paradis afin de me guider vers la lumière de la Vie.

Quand je serai grande, si je suis encore en vie, je vivrai avec des chats.

Chapitre 15

Sans adolescence

Feu l'identité

J'ai quatorze ans. Ma mère me fait asseoir sur une chaise de la cuisine. Cette fois-ci, elle ne m'attache pas, car elle est pressée de mettre à exécution son nouveau projet. Elle a trié les photos. Sur celles où je figure avec Alice et Renée, elle a simplement découpé la tête de ma grande sœur et la mienne. En ce qui concerne celles où j'apparais seule, elle me les montre avant de soulever la plaque du grand fourneau avec le crochet noir prévu à cet effet. Et une à une, elle jette mes photos. Pour que je n'existe plus. Pour que je ne sois plus personne. Sans aucune trace de moi enfant.

Les flammes s'élèvent, le papier photo les nourrit comme du kérosène. Les portraits se racornissent, se craquellent et noircissent en dégageant une épaisse fumée dans la cuisine. Voilà, je n'ai plus de racines, plus de souvenir de mon image. J'ai l'impression de disparaître dans ce grand poêle. C'est fini, poussière je suis.

Les rares photos que je possède furent sauvegardées par la DDASS dans mon dossier, et prises pendant mon séjour à la pouponnière lorsque j'avais huit mois, et juste avant de me rendre à ma mère à cinq ans et demi.

Bien plus tard, une camarade de classe qui me retrouvera grâce à l'un de mes passages télévisés, m'enverra une photo de notre classe en 6e. En examinant mon portrait et mon physique, je découvrirai que je n'étais pas grosse comme ma mère le prétendait. J'étais mince, avec le sourire forcé aux lèvres exigé par le photographe.

Sténodactylographe, tu seras

À la fin de la 5e, on décide que je suis trop bête, trop nulle, trop fainéante et on m'oriente en CAP de sténodactylographe. Pendant ces trois années, je suis la première de ma classe et beaucoup de mes enseignants se demandent ce que je fais dans cette filière qui constitue, à l'époque, une voie de garage. Dans les années soixante-dix, l'État propose pratiquement à tous ses pupilles l'orientation en sténodactylographie ou en comptabilité pour les filles, et vers un métier manuel pour les garçons.

Moi seule sais pourquoi je suis alors une élève modèle : je grandis et ai confectionné un faux emploi du temps pour ma mère. Tous les soirs, sur les marches du CET[5] Sifflet à Nancy, je fais mes devoirs et apprends mes leçons. Les professeurs et les surveillants s'en aperçoivent seulement en fin de deuxième année et décident que je travaillerai désormais en salle d'études.

Soudain considérée comme un être humain, au moindre visage tuméfié que je présente au collège à cause de l'armoire qui est décidément mal placée, la DDASS me loge à l'internat pour deux semaines, puis pour des séjours plus longs. Mes études sont littéralement brillantes, alors qu'elles ne m'intéressent pas le moins du monde. Moi, je veux être chirurgienne pour sauver des vies ou bien inspecteur de police dans la brigade des mineurs pour aider les enfants. Le problème est que je ne suis pas née dans la bonne famille pour envisager de tels rêves. L'inégalité des chances n'a plus de secret pour moi depuis longtemps.

Rêve glacé

Pourtant, je suis encore souvent dans la rue la nuit avec mon baluchon.

Ce soir de janvier, il fait froid. Je soupire, le moral en chute libre

5. CET : Collège d'enseignement technique.

comme en écho aux nuages qui s'amoncellent et annoncent la neige. Je rejoins le groupe des pauvres gosses de la rue que je retrouve de temps à autre. Richard est parmi nous. À dix ans, nous nous étions embrassés sous un porche et j'avais trouvé cela si dégoûtant que je m'étais promis de ne jamais recommencer. Maintenant, nous sommes adolescents et bons camarades de vagabondage et de survie. Nous avons faim. Avec Lionel, un autre enfant toujours défiguré par les coups, mais qui n'a peur de rien, nous nous dirigeons vers l'épicerie de l'avenue du Maréchal de Lattre de Tassigny. Les deux garçons entrent dans le magasin, alors que moi, je suis dépourvue de ce courage. Je fais le guet et vole juste une pomme et une orange. Tout à coup, l'épicier sort en hurlant avec un autre homme. Ils tentent tous les deux de saisir mes camarades de fortune par leur veste. Sans nous concerter, nous filons tous les trois nous réfugier au parc Olry, un joli jardin arboré niché dans la verdure dont l'entrée se situe sur la même artère. Je grimpe dans un cèdre aussi vite qu'un écureuil, un peu trop haut dans ma panique. Hélas, les garçons sont immobilisés par les deux adultes. Je ne réalise pas que nos poursuivants ne m'ont pas repérée. La terreur m'étreint la poitrine. Je crie :

— Laissez-moi, je ne recommencerai plus jamais ! Je vous le jure !

Le vent souffle si furieusement qu'ils ne m'entendent pas. Les deux hommes mènent les jeunes voleurs au commissariat. Je reste seule dans mon arbre, pétrifiée à l'idée qu'ils reviennent me chercher. Le gel me découpe les chairs et les reins. Je pense que je serais bien mieux dans ma cave. Je me souviens de ce qu'on m'a dit au catéchisme : à notre mort, saint Pierre nous juge et place les bons d'un côté et les méchants de l'autre. C'est sûr, je serai de ce côté-là. Puis j'ai envie d'éclater de rire sur ma branche, malgré ma lassitude. Je suis persuadée à présent que la Justice d'en-haut doit bien valoir celle d'en-bas, c'est-à-dire rien du tout. Je sens poindre cette désespérance qui me saisit quand je suis à bout, que j'ai tout fait pour écouter ma mère et que je continue de perdre. Je me fiche de tout.

Je me demande en tremblant si mes complices vont aller en prison. À travers ma cachette dans l'arbre, je vois les lourdes branches des sycomores pendre tristement dans l'air saturé d'humidité. Pareilles à des peaux de chamois, les feuilles mortes arrachées par la neige parsèment le sol de taches brunes et blanches. On n'entend presque aucun bruit. Même le chuintement de la circulation dans l'ancienne avenue de Strasbourg n'est guère plus fort que le faible ressac sur une grève lointaine. Plusieurs heures après, je finis par redescendre de mon cèdre pour me rouler en boule à ses pieds.

Quand j'aurai mon CAP, je serai secrétaire, je gagnerai de l'argent et je serai libre. Je n'aurai plus froid ni faim et mes chats auront une vraie maison. Voilà, en résumé, le rêve de cette nuit glaciale.

Élections, piège à... bonheur

J'ai seize ans ce mois-ci. Aujourd'hui, c'est le deuxième tour des élections présidentielles. Ma mère vote extrême droite pour deux raisons : la première, c'est qu'elle est profondément raciste. La deuxième est qu'elle ne sait pas où se poser. À gauche ou à droite ? Donc, comme le bon docteur Christophe vote extrême droite, elle fait de même.

Ce soir, je suis mise à la porte par ma génitrice et rejoins mes compagnons d'infortune, les gosses des rues. Nous flânons avant de nous séparer pour dormir là où nous le pourrons. Et demain, ce sera pareil : ma galopade pour mendier, l'appartement de l'horreur puant la peur, mes tentatives pour dénicher un bout de pain, mes mensonges aux passants pour quelques pièces de monnaie... Lorsque la médiocrité devient si banale, elle ne révolte plus ceux qu'elle étouffe et opprime, et fait même disparaître la possibilité de se dire qu'il vaudrait mieux abandonner et foutre le camp.

Ailleurs. N'importe où. Au-delà de la déception. Aux horizons du découragement. La pensée tout à coup angoissante, cette franchise avec soi-même, qui vous laisse découvrir clairement qu'au bout de quelque chemin qu'on choisisse, c'est toujours l'agonie. Il me reste cinq ans à vivre ainsi. Encore cinq ans. Une éternité.

Comment ? Ai-je bien entendu ? Le Président vient d'annoncer qu'il abaisse la majorité à l'âge de dix-huit ans ? Le bonheur ! Il ne me reste plus que deux ans. Allez, les chats, il faut tenir !

Où étiez-vous passés ? Je vous ai attendus

Instituteurs, professeurs, médecins, assistantes sociales, si l'envie vous venait de vous excuser, vous n'auriez jamais fini de me demander pardon. J'attendais juste un peu d'attention. Que je puisse entendre de la bouche de l'un d'entre vous que je n'étais pas seulement une larve à détruire, mais aussi une enfant. Combien d'autres Michèle avez-vous laissé sacrifier ?

Une enfance malheureuse, ce n'est pas seulement un mythe pour âmes compatissantes, une abstraction divertissante quand on la raconte. C'est du sang. De la chair ouverte. De la douleur. De la faim. De la peur. Et, par-dessus tout, l'ignorance de la dignité de vivre.

Quand je serai grande, si je suis encore en vie, je vivrai avec des chats.

Chapitre 16

Le miracle de la voix

Si les chats me sauvent de la folie, le chant également. J'ai seize ans et cela fait dix ans exactement que je clame mon bonheur de chanter à l'église le dimanche. J'ai de l'assurance et la voix posée.

Un jour, une professeure de chant m'y remarque. Madame Joly est encore plus petite que moi et parle peu. Elle croit déceler du talent en moi, à ma grande surprise. Quel talent peut-on me trouver dans mon état de désolation ? Elle persuade ma mère qu'il faut me donner des cours, ce sera gratuit. Après maintes discussions, dont je vous fais grâce, la mégère accepte enfin.

Je me rends donc à la MJC[6] Jean Savine à Villers-lès-Nancy, où cette enseignante décide que je dois faire de la scène. En plus de m'apprendre des tubes de l'époque comme *Le téléphone pleure*, interprété par Claude François, elle m'enseigne comment m'accompagner à la guitare. Je suis curieuse et pense tout de suite à l'avantage que me procurera ce divertissement : pendant que je prendrai ces cours, je ne serai pas emprisonnée chez ma sorcière ou au froid dans la rue ! Puis, très vite, je suis intéressée par les deux ou trois accords que Madame Joly me fait travailler. Elle m'explique également la façon dont je dois respirer par le ventre pour chanter. Elle s'est apparemment attribué cette tâche vis-à-vis de moi sans jamais me poser de question sur mon accoutrement ou les divers dessins témoignant de la brutalité de ma génitrice. Curieusement, cela me repose et me rassure. Et son « admiration » en m'écoutant me donne confiance.

---

6. MJC : Maison des jeunes et de la culture.

Pour convaincre ma mère de me produire sur scène, Madame Joly lui fait miroiter que si j'ai vraiment un don, je peux ramener beaucoup d'argent à la maison. Excellent argument ! Ma tortionnaire ne viendra pas m'écouter, mais elle donne son assentiment.

C'est donc un soir de novembre 1974 que je me retrouve, morte de trac, à la MJC de la République à Nancy. J'y vais seule — c'est à dix minutes à pied de chez moi —, avec une guitare prêtée par mon enseignante. La salle est pleine de spectateurs qui mangent et boivent, et sont venus écouter de la chanson à texte dans le style Jacques Brel ou Georges Brassens. Pas du tout Claude François qui pleure dans son téléphone : « Écoute, maman est près de toi ? Il faut lui dire, maman, c'est quelqu'un pour toi. » Comédienne par la vie, je fais à la fois la voix de l'adulte et celle de la petite fille : « Ah ! C'est le monsieur de la dernière fois... » La salle devrait se moquer de moi à cause de cette chanson sirupeuse, mais ce n'est pas ce qui se passe. Le public cesse de se restaurer, le silence est total. Tous m'écoutent et sont saisis. Je découvre que ma voix peut faire de l'effet. Puis les applaudissements crépitent. Je suis sur un petit nuage.

Un homme vient m'inviter à m'asseoir à sa table. Âgé d'environ quarante ans, il n'est pas très grand non plus et son physique laisse transparaître sa gourmandise. Il m'impressionne, car il est vêtu d'un costume et d'une cravate et aucun homme habillé de la sorte ne m'a jamais adressé la parole. Moi, je suis dans une petite robe verte à grosses fleurs et, avouons-le, elle est très laide ! Je suis la petite Cosette, à cela près que j'ai seize ans et demi. Et pourtant... cet homme va devenir mon Jean Valjean à moi. Il s'appelle Jean Frison.

Quand je serai grande, si je suis encore en vie, je vivrai avec des chats. À moins que...

Deuxième partie

LA RENAISSANCE

Ce qui fait la nuit en nous peut laisser en nous les étoiles.

Victor Hugo

Chapitre 17

Adoption de première classe

Le téléphone ne pleure plus

Jean Frison me présente ses amis. Il est là pour les soutenir, car ils se produisent après moi. Il s'agit de Maurice et Jean-Louis. Pour la première fois de ma vie, je me trouve à table avec des inconnus. Ils me parlent de ma voix et, surtout, d'égal à égal. D'ailleurs, ils ne se gênent pas pour me conseiller de... changer de registre. Claude François n'est pas leur tasse de thé. Je peux donc discuter avec des adultes d'autre chose que de mes absences à l'école ou de ces armoires qui ne cessent de croiser malencontreusement ma route. En quelques semaines, grâce aux cours de chant et de guitare de Madame Joly, ma vie bascule. Je l'ignore encore...

Pour l'heure, je bois une grenadine, j'écoute ces personnes qui parlent de musique, de tout et de rien. Jean Frison m'observe. Je saurai plus tard que, derrière ma maladresse, il décèle ma peur, car ma mère m'attend de pied ferme à la maison. J'aurais dû rentrer dès ma chanson terminée, je suis déjà en retard. Elle calcule tout. Même si elle n'a besoin d'aucun prétexte pour me foutre une raclée.

Jean Frison offre de me raccompagner en voiture. Un homme de quarante-et-un ans qui m'invite seule, dans sa voiture, j'aurais dû m'inquiéter. Je suis surtout soucieuse de mon retour à la maison, et pour arriver à une heure « raisonnable » selon les critères de celle dont le cerveau ne connaît pas ce mot, je n'ai pas vraiment le choix. En chemin, il me rassure en m'affirmant que nous allons rattraper le retard. Il me demande pourquoi cela me fait si peur. Il m'interroge, mais le trajet ne dure que quelques minutes et je dois rentrer très vite. Jean me propose de nous revoir le lendemain à la sortie de mes cours.

Rentrée à la maison, en ouvrant l'étui de la guitare prêtée par ma professeure de chant, je trouve un peu d'argent, maladroitement et timidement posé sur les cordes. Je mets un peu de temps à comprendre que cet acte simple, humble, ne peut venir que de Jean Frison. Je pleure face à ce geste d'humanité. Je ne sais plus ce que j'ai fait de cet argent, mais je pense l'avoir dépensé pour les chats. Très certainement.

Scène après la scène

Le lendemain, comme promis, Jean est là devant le CET Sifflet, avec son break R12. Il me questionne en détails sur ma vie. Alors, avec l'innocence des adolescents qui décident de ne plus accorder leur confiance à qui que ce soit, mais sont à bout de souffle, à bout de vie, je craque à nouveau comme avec la directrice de l'école Saint Pierre.

Je lui raconte une grande partie de la folie de ma mère et de ma détresse. Nous sommes le 3 novembre 1974. Pendant trois jours, il vient me chercher au CET et, au lieu de me rendre en salle d'études pour mes devoirs, je narre à peu près tout dans le désordre : les tortures infligées par ma mère, les séquestrations dans la cave ou le cellier, les hôpitaux, l'indifférence des services sociaux, la faim, la crasse, l'humiliation… et mes chats. Je ne m'attends à rien, comme c'est le cas avec les autres adultes, mais je remarque parfois ses larmes et l'impossibilité de parler parce qu'il est trop ému. À chaque fois, Jean me reconduit chez moi en voiture et me promet d'être là le lendemain.

Et il tient parole…

Le 6 novembre, il me ramène à la porte de mon immeuble, comme les jours précédents. Hélas, je rentre plus tard que d'habitude.

Oh, pas de beaucoup, environ quinze minutes. En arrivant dans l'appartement, je suis battue. Ce que je ne sais pas, c'est qu'écœuré par mon histoire, Jean a décidé de m'extirper une fois pour toutes de cet univers sordide. Tandis qu'il frappe à la porte, il est saisi par mes cris insoutenables. Ma mère, toute à sa fureur, ne l'entend pas. La porte ne résiste pas à cet homme dont l'humanité ne peut accepter d'être le témoin de l'indicible. Ma génitrice, stupéfaite par cette intrusion, lui intime l'ordre de sortir immédiatement.

Jean ne recule pas. Il commence par la désarmer de son martinet puis, bouillant de rage, il parvient à me détacher de la chaise en lui signifiant qu'elle ne me reverra plus.

Elle tente de le frapper et lui envoie en plein visage une bouteille de vin pleine, qu'il esquive. Il bloque ma mère et, pour la première fois, c'est sur son visage à elle que je lis la terreur. Les jambes tremblantes, je ne peux toujours pas croire que Jean va m'extraire de cette vie. Je pense que lorsqu'il décidera de partir en abandonnant son idée de me « sauver » de l'enfer, ma mère me portera le coup fatal.

Pourtant, Jean Frison m'arrache littéralement dans une confusion de cris et de pleurs. Mon beau-père essaie de calmer ma mère, qui crache des insanités à cet homme qui vient me « voler », tandis que moi, je hurle en pleurant, parce que mon effroi est d'une intensité telle que je panique. Mon sauveur me protège des griffes de ma génitrice en faisant barrière entre le corps de cette dernière et le mien. Il m'emmène avec lui, sans rien, sans vêtement, sans livre d'école, rien. Je n'ai que ce que je porte, cette petite robe verte à grosses fleurs blanches souillées dont il s'amusera longtemps plus tard tant elle était hideuse.

Je pars avec lui le 6 novembre 1974. L'État m'avait rendue à ma mère le 6 novembre 1963. Onze ans jour pour jour. Coïncidence ? Je suis un peu perplexe concernant cette date, car deux de mes meilleurs amis sont nés aussi un 6 novembre.

Toute une vie en une heure

Le lendemain, vers 9 h, mon sauveur me conduit au commissariat de Vandœuvre-lès-Nancy, là où il habite. Je suis paniquée à l'idée que la police me ramène comme d'habitude. Jean explique aux policiers tout ce que j'ai subi. Ils le croient, car ils me connaissent. Certains viennent du commissariat de Nancy, près de chez ma mère, et racontent comment, lorsque j'étais plus jeune, ils m'installaient dans un lit de camp, me donnaient un chocolat chaud et me couvraient ensuite avec pour compagnie un ourson en peluche afin que je dorme sans crainte jusqu'au matin. Jean ne ment pas. Il expose clairement la situation : il m'a kidnappée hier, sait que je suis mineure et demande quelle est la procédure pour rencontrer le juge.

Le commissaire, loin de désirer chercher des ennuis à celui qui va devenir mon père adoptif, le remercie et nous fait convoquer tous les deux en extrême urgence chez le juge des enfants au tribunal de Nancy. Aussi incroyable que cela puisse paraître, nous passons en audience le matin-même, à 11 h ! À midi, tout est terminé : je ressors avec le papier mentionnant que l'adoption simple est en cours et que je suis désormais confiée exclusivement à la tutelle de Jean Frison.

Ma mère sera déchue de ses droits maternels… une fois de plus.

Il n'aura fallu qu'une heure, une petite heure de rien du tout pour que ce calvaire ininterrompu depuis onze ans s'arrête net. Cela en semble presque ridicule. Une toute petite heure, une simple signature au bas d'un papier. Il suffisait donc de si peu pour m'arracher des serres de ma prédatrice.

Ce même jour, elle est emmenée au tribunal par les policiers, surtout pas en ma présence, sinon je serais capable de sauter par la fenêtre. Nous la voyons à la sortie sans qu'elle nous aperçoive. Un mélange de sentiments m'assaille, une vague de bonheur à l'état pur menace de me submerger, laquelle est stoppée net en raison de ma culpabilité de ne pouvoir emmener les chats.

Mon père adoptif me tient par le bras. Sur cette place Carrière, à Nancy, alors que « Cruella » attend sur le bord du trottoir pour traverser, un camion passe trop vite près du caniveau et lui éclabousse les pieds. Elle proteste vivement, mais ses cris se noient dans le fracas des voitures. L'automne ravit aux arbres leurs feuilles. Certaines tombent encore le long des troncs, petits squelettes délicatement veinés, avant de se poser sur le trottoir poisseux. Jean vient de m'arracher à cette femme malade et des larmes d'hébétude coulent sur mes joues. Suis-je en train de vivre un rêve ? Mon cauchemar va-t-il s'arrêter là ? J'ai soudain pitié pour ce morceau de haine.

« Je n'entendrai plus ta voix dure, menaçante et meurtrière. » J'attends que ma tortionnaire soit hors de ma vue pour me retourner vers la voiture de Jean, pas très sûre encore d'arriver à maîtriser le tumulte d'émotions qui m'oppresse. Il me faudra quatre ans pour y parvenir.

Jean relit le papier du juge, cette feuille si mince qui peut pourtant changer une vie… Nous nous regardons, heureux, avant de monter dans le véhicule. Avec un clin d'œil, chacun la main sur une portière, il demande :

— On va chercher les chats ?

Quel bonheur ! Oui, on va les chercher, pour les rendre heureux eux aussi.

Je sais maintenant, qu'aussi longtemps que je vivrai, j'aurai pour chaque être vivant, humain ou animal, cette bouche inexorablement fendue par le sourire.

Deux souffrances vers le bonheur

À seize ans et demi, totalement dépressive sans le soupçonner, je découvre tout. En un mot, la vie. J'apprends que l'on peut manger sereinement à table en famille, que je peux désormais aller à l'école sans être méprisée, ainsi que le simple plaisir d'être passagère dans une voiture — je n'étais jamais montée dans une voiture plus de cinq minutes.

Alors, « l'Ours », son surnom qu'il ne connaît pas encore, m'emmène faire un tour dans son break R12, dont l'unique but est de me faire connaître la ville autrement qu'à travers mes repaires de sécurité d'antan. Je vois ma ville natale ainsi que sa banlieue et m'émerveille de la découvrir aussi impressionnante. Comment ai-je pu ne pas m'en rendre compte auparavant ? Ce matin-là, sous ce beau soleil, c'est une explosion de couleurs d'un bout à l'autre. C'est surtout une vision rafraîchissante après la triste palette qui prévalait sur mon chemin.

Mon Jean Valjean vit avec une amie, sa femme ayant demandé le divorce et s'étant installée à Grenoble. Il est le père de quatre enfants qui habitent avec leur mère. Il m'explique à quel point ces derniers lui manquent et, pour son plus grand bonheur, son deuxième fils monte vivre avec nous. Il a exactement le même âge que moi. En l'attendant, nous sommes trois dans cette maison de la rue Pierre-Seguin, à Vandœuvre, avec Christine, la compagne de Jean.

Grâce à toi, Jean, je peux aller en cours proprement vêtue et l'on ne me place plus au fond de la classe. Grâce à toi, je ne suis plus marquée de coups et l'on peut me regarder sans dégoût. Grâce à toi, je peux faire mes devoirs tous les jours à la table de la cuisine et pas à la cave. Ainsi, je ne suis plus l'élève fainéante et limitée intellectuellement.

Tu me sauves, car moi seule, je n'aurais jamais eu ce courage. Tes yeux magnifiquement bleus brillent et scintillent d'eau. Moi, je retiens mes larmes d'espoir, indispensable si je veux essayer de croire en moi, en toi, en les autres.

Soulagée, ma dépression s'autorise à exploser et j'ai honte. Chez ma génitrice, la maladie était interdite. J'avais appris à être indifférente aux appels de ma douleur physique ou psychique. Je n'avais pas le droit de me plaindre et encore moins d'aborder le registre de mes émotions. Lorsque j'étais simplement grippée, j'étais battue jusqu'à l'évanouissement... parce que, disait-elle, je l'avais fait exprès.

Ma dépression éclate donc. Je pleure souvent. Je ne sais pas tenter de vivre heureuse dans un environnement sain. J'ai peur. J'ai peur de tout. La famille de Jean rit souvent de moi, ce qui est compréhensible. Alors, j'ai de plus en plus peur de la moquerie et me renferme. Il me faudra environ deux ans pour que j'ose me défendre de l'ironie des amis de mon nouveau père et que je rie enfin.

Bonté et générosité personnifiées

Jean est toujours en costume et cravate soignés pour son métier. Il est représentant de commerce pour une société de papier peint. Il est doté d'un grand front, qui évoque sa considérable intelligence, de pommettes saillantes et de lèvres minces. Son magnifique sourire me donne confiance.

Exaspéré par sa calvitie naissante, il porte une moustache et une barbe couleur poivre et sel, comme ses cheveux de plus en plus rares. Jean en prend bien soin, afin de ne paraître jamais négligé. Son embonpoint révèle son adoration pour les meilleurs restaurants fréquentés trop souvent.

Pourvu d'un caractère fort et inébranlable, il est aussi têtu. Son regard me rassure sur sa grande force intérieure. Tout son entourage le perçoit comme quelqu'un de timide, ce qu'il est d'ailleurs en réalité, mais il adore apprendre et partager. Il assume toujours ce qu'il dit.

C'est un homme calme, imprévisible et il en faut beaucoup pour l'énerver. L'injustice sous toutes ses formes peut provoquer chez lui une colère qui nous inciterait à nous protéger lorsqu'on ne sait pas que la violence est inexistante chez lui. Il est habité d'une immense générosité.

Au début, afin de réveiller mon âme d'adolescente, Jean ne lésine pas sur les petits gestes d'attention dans le but de soigner ma « peur de tout » et de m'humaniser. Par exemple, il tire ma chaise avant de m'inviter à m'y installer, il cuisine beaucoup pour m'initier à la saveur de plats autres que le pain dont j'étais principalement nourrie. Il n'est jamais trop occupé par son métier pour arrêter ce qu'il est en train de faire et m'offrir son assistance. Je deviens un être humain à force de patience de sa part.

Honnête et franc, il ne ment pas, il ne triche pas. Un peu brut de décoffrage — mais pas autant que moi —, Jean n'hésite pas à dire exactement ce qu'il en est, que ce soit une bonne ou mauvaise nouvelle. Ce sont ces qualités et ces défauts qui font que petit à petit, j'ai définitivement confiance en lui. Je suis comme un fauve qu'un homme a réussi à approcher et à apprivoiser.

Il excelle dans l'art de me faire me sentir belle alors que tout, dans ma morphologie, transpire ma souffrance. Il est entièrement solidaire avec moi en m'offrant soutien, hébergement et affection. Il me place en premier lieu, en toutes circonstances, tant son désir de croire en moi est fort. Cela ne signifie pas qu'il se plie à mes caprices. Cela signifie juste que, dans la plupart des cas, il est formidablement bon et généreux dans ses paroles et ses actes.

Il veut ce qu'il y a de meilleur pour moi et il est prêt à tout donner parce que, privé de ses enfants, cela lui procure aussi de la joie. Tout n'est pas rose non plus dans la vie de Jean. Je suis donc pour lui un morceau de bonheur qui arrive dans une vie tellement triste depuis des années.

Paillasson de Noël

Chez l'Ours ce 24 décembre, le jardin immaculé de blanc étincelle sous un soleil radieux. Le mur en pierre gris du fond est nappé d'un glaçage de fête qui adoucit sa ligne plate. Le potager enneigé des voisins est vierge de toute apparence de terre. Je suis extrêmement tendue, car j'appréhende la soirée. Elle arrive et, parmi les lumières, les boules de Noël et les invités sur leur trente-et-un, je me fais l'effet d'une invitée enveloppée d'un manteau de misère, étouffant la gaieté de ceux qui m'entourent. Je ne peux m'en empêcher. Que vais-je dire encore comme bêtises si l'on me parle ? J'ai les nerfs et l'âme fragiles. Mon adoption est encore trop proche. Une diversion qui aurait pu se révéler tragique vient tout de même me rappeler la place que j'occupe dans le cœur de l'Ours. On sonne, il ouvre. Ma mère est en bas et désire me voir. Jean fait immédiatement barrage et, sans lui laisser le temps de s'exprimer, lui jette avec son humour :

— Je n'aurais jamais cru que vous auriez un jour le culot de venir salir notre paillasson.

Puis sa menace de prévenir le commissariat si elle ose encore se promener dans le quartier fonctionne. Elle disparaît pour l'éternité.

Fin de partie

En 2006, je saute de joie lorsque j'apprends par un mail laconique émanant du manteau rouge : « Maman est morte cette nuit. »

Sans bonjour ni au revoir. Cette simple phrase de cinq mots me libère enfin de ma peur permanente de la croiser à nouveau. Je pense qu'elle est enterrée à Nancy. Je ne sais pas. Ce qu'il y a de certain, c'est que je n'ai pas fait le déplacement.

Chapitre 18

De la difficulté d'être

Sortie de la jungle

Jean exerce le métier de VRP, il n'en est pas moins licencié en grec et en latin. Contrarié par ses parents qui lui refusent d'intégrer une école de journalisme à Paris — il n'avait pas vingt-et-un ans et leur accord était indispensable —, Jean laisse tomber les études après sa licence de lettres classiques. Ses amis sont aussi instruits que lui. Et je souffre, j'ai honte d'être ce que je suis. Je me tais par peur de dire des bêtises devant eux qui me semblent intellectuellement bien supérieurs. Je me laisse écraser par leur présence et les écoute en silence sans rien comprendre de la conversation ni de leur savoir. La plupart n'éprouvent que du dédain pour moi et osent même demander à mon père pourquoi il s'est encombré d'une telle « idiote » (je les ai entendus derrière mon dos, avec le bonheur que mon père prenne ma défense — il ne m'a jamais lâchée). Pourtant, je pleure souvent sans raison. Je rencontre d'importantes difficultés à me passer de certaines manies, comme celle de me protéger le visage quand on me croise. Il faut que j'apprenne à manger à table, à ne pas me précipiter pour faire la vaisselle et tout nettoyer après le repas, de crainte d'être battue par la mégère. Je manque de confiance en moi et ne sais pas m'exprimer devant les autres.

Là encore, c'est un des chats de la cave rapatriés à la maison qui m'apprend comment m'en sortir : essayez d'envahir l'espace de votre animal, de le mettre en colère ou de le priver de sa liberté ! Quand je m'aperçois de cette saine capacité du félin à ne pas se laisser faire et à s'imposer en silence, je décide que je ne tolérerai plus que l'on empiète sur mon territoire. J'imposerai mon existence.

Parallèlement, mon père adoptif me fait partager son imposante culture. Je suis une éponge. Petit à petit, je comble mes lacunes, je découvre le cinéma — je n'ai jamais mis les pieds dans une salle de spectacle —, et la lecture. Mes connaissances en littérature s'arrêtent au Club des cinq. Je lis pêle-mêle Stendhal, Simenon, Corneille, Balzac, Victor Hugo, Boris Vian... Je découvre la montagne et la mer, j'apprends à nager, le nom des fleuves et celui du président de la République.

J'obtiens haut la main mon CAP et mon père, à ma demande, m'inscrit en seconde générale au lycée Arthur Varoquaux de Tomblaine. Le proviseur me reçoit avec circonspection en me demandant, au vu de mon dossier scolaire, si j'ai cette fois-ci l'intention de travailler. C'est mon rêve depuis tant d'années de travailler ! L'homme a une mâchoire carrée comme une boîte à chaussures et il est aimable comme une porte de prison. Il arbore un sourire de machine fatiguée et rejette une boucle brune de devant un œil. Il ne sait rien de mon vécu, et après m'avoir bien provoquée, il finit par m'accepter dans son établissement. Finalement, je dois me rendre à l'évidence : ayant été privée de la 4e et de la 3e du fait de mon parcours scolaire chaotique, je ne comprends rien en cours, ce qui me conforte dans l'idée de mon insondable bêtise. Je mets rapidement un terme à ma scolarité.

Histoires d'ours

Il me faudra quatre ans pour arrêter de me protéger quand on passe à côté de moi, et que Jean me « transfuse » son immense sens de l'humour. C'est donc à l'âge de vingt ans, quasiment du jour au lendemain, que je me mets à rire de tout, y compris de moi. N'est-ce pas le vrai sens de l'humour ?

Mon père adoptif essaie de me faire parler le plus possible. Pauvre Jean : dès que je m'exprime, je commence à pleurer de manière incontrôlable. Ce n'est qu'après m'avoir affirmé à plusieurs reprises que je ne dois pas être honteuse de pleurer ainsi, qu'enfin je commence à libérer ma parole. Je ne peux pas abolir le passé ni l'oublier, mais sans doute est-il possible d'abaisser un petit pont-levis sans pour cela livrer la forteresse tout entière… Et serait-ce si grave si elle tombait ?

Pour mes vingt ans, mon père adoptif m'offre un très bel ourson en peluche. Un vrai doudou. Il m'aidera pendant des années. Brun et haut d'une trentaine de centimètres, je le fais vivre en parlant pour lui. Grâce à ce cadeau, je vais pouvoir, en riant, m'exprimer plus librement. Je l'utilise comme une marionnette, en somme. Curieusement, c'est à cette époque que je commence à perdre cette faculté de « dialoguer » avec les chats. Cet ourson, que j'ai appelé Teddy, ne me quittera qu'à l'âge de soixante-et-un ans, quand il sera vraiment trop abîmé.

À propos d'ours : vers l'âge de dix-neuf ans, je suis invitée avec quelques amis à un bal costumé. Nous demandons à mon père, avec lequel nous partageons tant d'activités, s'il veut bien nous accompagner. Il refuse en bougonnant. Au cours de la soirée, alors que nous sommes tous déguisés, un gros ours brun aux oreilles rondes et aux pattes griffues apparaît dans la salle. La grosse bête s'approche de moi tandis que je me prépare déjà à décliner son invitation à danser. J'éclate de rire en entendant cette voix que je connais si bien :

— Mademoiselle, m'accorderez-vous cette danse ?

C'est Jean ! Il nous a bien eus. J'interpelle mes amis qui partagent aussitôt mon hilarité. Cette surprise nous marque tellement que nous décidons tous, sans nous concerter, de le surnommer « l'Ours », surnom qu'il gardera jusqu'à la fin de sa vie.

Parfois, l'Ours m'appellera « l'Oursonne », affirmant ainsi avec pudeur une paternité si structurante pour moi.

Quand la flamme vacille

J'ai dix-sept ans. Encore croyante, ma foi est ébranlée par les enseignements de mon père sur les hypocrisies de la religion. Il me dit souvent :

— Il est à peu près certain que Jésus-Christ a existé, sinon comment expliquer qu'on en parle encore deux mille ans après ? Ce sont les hommes du clergé qui ont écrit ces histoires avec la volonté de soumettre les gens à leur pouvoir. Et pendant dix siècles d'obscurantisme au Moyen Âge, les peuples ont cru à ces inepties. Tu n'as pas une guerre qui ne soit pas provoquée par la religion. Jésus n'a jamais marché sur l'eau, il n'a jamais multiplié les petits pains ou les poissons. Ce sont des allégories. Et comment peut-on croire que Marie ait pu être enceinte en étant vierge ?

Malgré tout, le jour de mon anniversaire, je lui demande de m'accompagner à l'église Saint-Pierre, un de mes anciens refuges. Tout à coup, je lève les yeux vers la lueur rouge de la lampe qui brûle sur l'autel. Je réalise soudain que cet objet sacré n'est qu'une lampe ordinaire en cuivre et en verre coloré. La magie du divin instaurée par les religieux de mon enfance commence à s'étioler. Enfant, je n'imaginais pas qu'on puisse démonter, nettoyer cette lampe et la remplir avec de l'huile ordinaire. Ce n'est donc pas la lumière de Dieu en personne !

Et les hosties consacrées, derrière la porte de la sacristie, que sont-elles ? Jean m'explique que ce sont seulement de fins disques transparents confectionnés avec de la farine et de l'eau, qui arrivent proprement emballés dans de petites boîtes. Je croyais que c'était le curé qui les fabriquait. Au moment de la messe, quand le prêtre prononce les quelques paroles qui les changent en Dieu, que se passe-t-il réellement ? La substance du pain ne s'est donc pas transformée en Christ et Dieu n'habite pas dans cette toute petite pièce située derrière l'autel, dont j'ai si souvent fracturé la porte pour me nourrir ?

Tout le monde n'a pas la chance d'être pupille de l'État

C'est à vingt-et-un ans seulement que je peux prendre connaissance de mon dossier en présence d'une assistante sociale, d'une psychologue et de mon père adoptif. C'est une révélation, ignoble et traumatisante. Ainsi, j'apprends pourquoi j'irai uriner à chaque heure de mon existence (ma vessie fut mutilée), que je ne pourrai jamais donner la vie, que j'ai un hymen artificiel depuis que je fus réparée comme une petite poupée de chiffon à la pouponnière entre l'âge de onze jours et dix-neuf mois.

Je découvre également les séjours psychiatriques de ma mère, ses courriers dégoulinants de supplications pour qu'on lui rende ses enfants, le degré effarant de sa maladie mentale, la naïveté de toutes les personnes censées protéger les pupilles de la Nation, les très rares démarches entreprises par les services sociaux pour me sortir de cet enfer, que c'est ma petite sœur Alice qui fut présentée à ma place à l'unique contrôle de la DDASS, etc.

J'apprends aussi avoir été proposée à l'adoption plusieurs fois avant mes cinq ans et demi, mais ma génitrice n'a jamais voulu signer les papiers.

— Pourquoi m'avez-vous laissé mourir dans cet enfer ?

— Mais vous n'êtes pas morte, répond la psychologue. Vous êtes en vie. Si on vous avait rendue à votre famille d'accueil, vous auriez été traumatisée à vie, car un enfant n'est jamais aussi bien que près de sa mère.

— Et puis, comme vous resterez pupille de la Nation, vous ne paierez jamais d'inscription à la faculté, ajoute l'assistante sociale. Les lois empêchent l'adoption tant qu'une mère n'a pas signé de toute façon, renchérit-elle.

Et moi de répondre :

— Vous êtes en train de me dire que pour l'État, un gamin même extrêmement maltraité, et par sa propre mère déjà déchue de ses droits maternels en plus, doit rester avec elle, car c'est mieux pour lui ?

— Il ne faut pas le prendre comme ça, tente la psychologue. Nous pouvons vous aider à surmonter tout cela, en entrant dans un groupe thérapeutique.

On me propose aussi une inscription gratuite pour toutes les activités que je désirerais exercer, et même un emploi de secrétaire, car j'ai un CAP de sténodactylographe !

— Il y a des lois pour aider les jeunes majeurs pupilles de la Nation, tente de conclure l'assistante sociale.

Je réponds que je réfléchirai et nous partons, assurés de recevoir en recommandé mon dossier, dans une huitaine de jours. Le dégoût et la colère nous envahissent autant l'un que l'autre, l'Ours et moi.

— Comme je n'aimerais pas faire leur métier, me lance Jean ! Ce n'est pas la faute de ces deux fonctionnaires. Elles doivent annoncer des horreurs aux jeunes adultes, sachant que l'État n'a jamais rien mis en place pour leur venir en aide avant que les dégâts ne soient irrémédiables. Et ces deux femmes n'ont aucun pouvoir pour secourir l'enfance en danger.

Règlement de comptes thermonucléaire

J'ai vingt-deux ans et nous fêtons mon anniversaire. Un ami de mon père me dit :

— Alors, tu as vingt-deux ans aujourd'hui. Tu n'as plus besoin de te comporter parfois comme une gamine. La maltraitance est derrière toi. Le passé, c'est le passé.

Il a raison, mais j'explose :

— La maltraitance, voilà un mot bien édulcoré pour décrire l'assassinat d'une âme. Un terme politiquement correct à l'usage de ceux qui ne savent pas ce qui se cache derrière, comme la plupart d'entre vous autour de cette table. Même les services sociaux n'ont pas l'air de connaître ce terme ! Vous n'êtes pas responsables. Peu de gens savent ce qu'est de vivre constamment dans la terreur. De vivre dans la haine chaque jour sans que cela ne s'arrange jamais, quoi que l'on fasse, jusqu'à perdre toute volonté et passer son temps à espérer que la prochaine raclée ne sera pas aussi violente que la dernière.

Cette déflagration qui ne fait que commencer va m'aider à vivre avec le passé et à solder les comptes avec les quelques invités dédaigneux à mon égard, pourtant présents. Je m'en souviens quasiment au mot près. D'ailleurs, plus jamais, ni la famille, ni les amis ne me considéreront comme un être à part. Sidérés que je crache enfin ce que j'ai à dire, ils m'écoutent sans m'interrompre. Je continue :

— Petit à petit, les coups se résument à du pur sadisme, parce que le seul pouvoir que ma mère détienne au monde, c'est celui qu'elle exerce sur sa propre fille, moi qui suis son enfant, mais ce pouvoir n'a aucune limite puisqu'elle sait que je ne peux rien faire face à elle. La fillette que je suis est totalement impuissante et complètement dépendante de sa génitrice. Ma mère ne se contente pas de me menacer, elle ne se contente pas de me torturer avec la haine et la colère qu'elle éprouve pour moi : elle promet de me mutiler définitivement ou de me tuer si jamais j'essaie de me libérer de son emprise. Et pourtant, toute cette violence physique, toute cette souffrance et ces coups, cette épingle à nourrice dans le corps, ces tentatives d'empoisonnement, ces absences de soins, ces traumatismes crâniens qui m'ont rendu à moitié sourde, ces fractures osseuses qui handicapent l'enfant devenue adulte, ces brûlures, ces déchirures cutanées, ces morsures, ces bleus, ces yeux au beurre noir, ces lèvres fendues, ces dents cassées, cet hymen artificiel suite au viol à l'âge de onze jours par ma propre mère à la maternité, cet utérus inutile qui ne réussira jamais à donner la vie, tout cela n'est rien comparé aux tortures que l'âme endure : une terreur constante, absolument constante, qui jamais ne faiblit.

Quelqu'un autour de la table fait un geste vague de la main, qui veut dire : « Arrête, c'est trop dur ! », mais je poursuis, maintenant que je réussis à parler :

— Les premières années, vers l'âge de six ou huit ans, je cherchais encore de l'aide. Je tentais de fuir, mais les services sociaux ou la police s'empressaient de me ramener chez moi. Et ma mère me murmurait à l'oreille qu'elle me crèverait les yeux si j'essayais encore de lui échapper. Je la savais capable de passer à l'acte, et j'ai abandonné. Un jour, elle m'a attachée comme souvent sur la chaise, elle a approché une épingle à nourrice de mes yeux et a voulu me les crever.

Je continue, malgré quelques supplications des convives qui ne supportent plus d'entendre de telles atrocités. Bien qu'ils ne m'accusent pas de mensonges, d'autant plus que l'Ours confirme, je sens que la mésestime du début se transforme en sidération. Jamais ces gens n'auraient pu concevoir qu'une telle maltraitance puisse seulement exister.

— De toutes mes forces, j'ai hurlé si fort que ma propre mère a pris peur. La voisine du dessus est descendue pour voir ce qui se passait. Elle m'a vue attachée sur la chaise. Elle n'a pas dit un mot à ce sujet, mais a demandé à ma génitrice de faire cesser ces hurlements. J'étais alors terrifiée à l'idée qu'elle me scotche du sparadrap sur la bouche, mais cela ne lui est pas venu à l'idée. Depuis, vous, la famille, les amis, qui savez que ce n'est rien de se rendre chez un spécialiste pour faire contrôler votre vue, moi, je ne supporte même pas qu'on me mette une goutte dans l'œil. Je suis persuadée qu'un accident peut arriver si on me le touche. Je serai toujours « la mauvaise journée » des ophtalmologistes quand ils me découvrent sur leur liste de rendez-vous.

— Il n'y a pas de quoi avoir peur, me répond un invité qui n'a pas tout compris.

Je l'ignore et persiste :

— Alors mon existence n'est plus que l'ombre de celle de ma mère. Toute résistance m'abandonne et avec elle, c'est aussi mon désir de vivre qui s'évanouit. Ma vie à moi se confond avec celle de ma mère. Du reste, on ne peut plus dire que je suis en vie, car, en fait, je suis morte et j'erre comme une créature à la recherche d'une échappatoire. Afin de me soustraire aux coups, à cette torture de l'âme et à l'existence de cette femme, moi, enfant puis adolescente prisonnière, je ne vis plus ma vie à moi et je n'existe plus. Pour finir, c'est cette femme qui remporte la victoire parce que je ne suis plus qu'un zombie. Il n'existe rien de plus terrible que d'opprimer un enfant par une discipline inflexible afin de le forcer à satisfaire des exigences hors d'atteinte. Ce dont je vous parle, c'est d'une situation où l'enfant n'a pas le droit d'être une enfant. Où on lui interdit la joie d'être ce qu'elle est vraiment et où on la fait ployer, on la brise, afin d'en faire autre chose. Ma mère m'a spolié ma vie. Elle m'a volé mon enfance. Je n'ai jamais eu un jouet, une cuillère qui aurait été à moi. J'avais toujours l'impression d'être responsable de tout ce qu'on me reprochait et que je n'étais pas à la hauteur. Je vis toujours avec ce sentiment de culpabilité parce que j'ai survécu à ma naissance et que ma mère était tellement malheureuse… d'élever une « ordure » comme moi.

Y a-t-il quelqu'un pour condamner la tentative de meurtre d'une âme ? Comment peut-on porter plainte contre une mère ? Est-il possible de la traîner devant un juge et la faire reconnaître coupable ?

Dans la salle à manger, pendant que certains proposent une thérapie auprès d'un psychiatre, d'autres se lèvent et me serrent simplement dans leurs bras. J'ai tout expulsé et mon père cache ses larmes en baissant la tête. L'un des invités propose de porter plainte et de m'aider à faire une demande d'assistance judiciaire. À quoi bon ? Mon père n'aime pas les psychiatres. Il explique que j'ai simplement le droit d'être reconnue aujourd'hui autrement que comme une idiote. Il a totalement raison, car je vais guérir.

Et le rire fut !

Cette période de reconstruction ne comporte pas que de la tristesse dans la recherche de soi. Elle est également constituée de crises de fous rires pour mon père et d'apprentissage du vocabulaire humain pour moi. Voici quelques exemples de mes déformations de mots en raison, bien sûr, du peu d'écoles fréquentées, mais aussi du langage maternel catastrophique. Ainsi, un jour au réveil, je m'étire dans la cuisine et déclare tout de go à l'Ours :

— Chouette ! J'ai dormi comme un « noir ».

— Comme un quoi ? demande ce dernier dans l'espoir d'avoir mal compris.

— Comme un noir.

Il m'explique alors que le « loir » dort beaucoup plus que nous autres humains. D'où l'expression « dormir comme un loir ».

Tandis que je m'installe dans mon premier petit appartement, mon père me demande si j'ai signé mon contrat de bail après l'avoir correctement et entièrement lu.

— Oh oui, je l'ai signé en « bon uniforme » !

Et d'un autre fou rire, Jean doit m'expliquer la formule « en bonne et due forme ».

Et si vous aviez vu son embarras lorsqu'un jour, dans la voiture, je lui demande très innocemment :

— Dis, c'est quoi un clitorix ?

Il éclate de rire, mais se sent impuissant pour répondre à ma question. Il corrige simplement le mot avec un « s » à la fin et non un « x », puis il me dépose quelques heures plus tard chez Titania, une de ses amies, afin qu'elle m'explique les bases de la physionomie féminine et quelques rudiments de sexualité.

— Titania, lui demande-t-il, je pense qu'il est temps que Michèle passe vingt-quatre heures avec toi, parce qu'il y a du boulot.

C'était son humour et je savais qu'il n'y avait rien de méprisant dans cette demande, ni aucune méchanceté chez Titania, qui n'hésitait jamais à m'aider.

Il faut dire pour ma défense que ma mère avait déclaré au tribunal lors de son jugement la condamnant à la déchéance maternelle, qu'elle avait mal à la colonne « verticale ». Même le juge ne put retenir un large sourire en regardant ses pairs. Et au cours de cette même audience, elle affirma :

— Oh non, je n'ai jamais mis ma fille à la cave, car il y a des rats « musclés » !

Ou encore :

— Il fait un vent à « décoiffer » les bœufs !

C'est ainsi que mon père connaît de grandes réjouissances pendant quelques années, grâce à mon langage.

Quant à mon attitude sociale, tout est à créer. Par exemple, dans le premier restaurant où Jean m'emmène, le serveur verse du vin dans le verre de mon père et pas dans le mien. Surprise, je demande au malotru :

— Et moi alors ?

« Gêné » est un faible mot pour qualifier le regard des deux hommes.

— Monsieur doit goûter le vin avant que je vous serve, Mademoiselle, répond très poliment le serveur.

Durant ce repas, j'engloutis mon assiette en moins de temps qu'il n'en faut pour le dire. Le serveur repasse trois minutes après et déclare, un tantinet ironique, mais tout de même bienveillant :

— Eh bien, elle avait faim, la demoiselle !

Il faudra environ deux ans pour que mon comportement et mes attitudes en société entrent à peu près dans la « normalité ». À chaque défaut à corriger, nous aurons vraiment ri, Jean et moi, et en rirons d'ailleurs encore des années plus tard, rien qu'à leur souvenir.

Pendant des années, mon Ours, tu n'as jamais cessé de m'aider à me guérir psychologiquement. Tu m'as appris à discuter de tout, à rire de tout — mais pas avec tout le monde, comme disait Pierre Desproges —, tu m'écoutais quand ma rage redevenait vive. Nous n'avons besoin que de pardon et de compréhension, et peut-être le savais-tu, toi, mieux que quiconque... Tu me portais quand une colère naissait en moi. Cette juste colère qu'il faut pour tout broyer dans le monde des brutes. Moi, j'allais avec toi bien plus loin que ce que j'avais connu. Tout changeait petit à petit vers une véritable métamorphose. Tu me rassurais quand la honte me submergeait à nouveau :

— Tu n'as pas à avoir honte. Ton histoire pitoyable n'a rien de commun avec ce que tu es, toi. Je sais comment s'enchaînent les détresses pour nous flanquer par terre, comment le hasard nous agrippe et nous enserre jusqu'à nous laisser sur place, sanglants de déchirures. Ce n’est pas pensable pour celui qui ne l’a pas vécu. Alors, pour une gamine dont le cerveau est en pleine construction, ce doit être pire encore.

Chapitre 19

En scène !

Chanson psychothérapeutique

J'ai seize ans et demi. L'après-midi de mon adoption, Jean m'emmène pour me constituer une garde-robe. Il faut me vêtir entièrement. Ni lui ni moi ne savons vraiment comment procéder. Nous hésitons. Nous passons devant un magasin d'antiquités, une boutique de vêtements pour dames figée au siècle dernier à en juger par le mannequin ornant la vitrine, un salon de coiffure avec une enseigne représentant des ciseaux, un bazar dont les bassines et autres produits en plastique débordent sur le trottoir, et un bar tapi dans l'obscurité comme s'il boudait. Puis, mon père a l'idée de nous diriger vers un grand magasin disparu aujourd'hui, mais dans lequel nous trouvons enfin mes tenues. Après un après-midi épuisant, nous parvenons à me remplir une armoire. Ensuite, il me fait entrer dans un magasin de musique et m'offre une guitare classique. C'est un choc. On ne m'avait jamais rien offert. Je me sens investie d'une grande responsabilité face à cette générosité. Il faut donc que je progresse et monte un tour de chant. Cela peut paraître étonnant, mais je m'en sens capable. Grâce à lui.

Dès que nous arrivons à la maison, je la sors précautionneusement de son boîtier et commence à « gratter ». Elle en fera, des kilomètres, cette guitare ! Des milliers. D'ailleurs, je l'ai toujours et l'utilise encore aujourd'hui, en 2021. Vigilante, je la protège de ceux qui veulent la prendre en main si je ne les sens pas assez respectueux de ce trésor. Elle trône dans mon salon, accrochée au mur, afin qu'il ne lui arrive aucun accident.

Comme Jean m'a connue sur scène et que je souhaite continuer dans cette voie, il m'écrit des textes que je mets en musique. Puis, petit à petit, l'écriture s'invite à moi, maladroitement au début, avant de s'affirmer. Mon premier texte s'intitule *Gosses des rues*[7]. Curieusement, je n'ai jamais réussi à composer une mélodie sur ce texte.

Je ne me considère pas comme une musicienne, plutôt comme une mélodiste. Les mélodies me viennent le plus souvent en même temps que les paroles de mes chansons. Comme si je voulais rattraper le temps perdu, tout va très vite. Baignée dans le milieu artistique des amis de Jean, poussée par eux, j'assiste aux répétitions de Maurice et Jean-Louis pendant lesquelles ils m'invitent à chanter. Je découvre avoir l'oreille absolue, malgré une surdité à 40 % à gauche en raison des maltraitances. Pendant qu'ils enregistrent leurs chansons, je me mets à créer et l'Ours écrit aussi beaucoup de son côté. En six mois, mon répertoire comprend vingt-cinq chansons.

À dix-sept ans, soutenue par Jean, je monte un tour de chant d'une heure trente environ, qui devient un spectacle au fil des années. Et mon père se transforme en agent improvisé. Le succès est au rendez-vous. Pendant douze ans, je me produis sur toutes les scènes de France, du Luxembourg et de Belgique. Je fais même une tournée de six mois aux Pays-Bas et de deux mois en Allemagne, avec l'Alliance française. Jean met son métier de côté pour m'accompagner dans les tournées et c'est un de ses fils, Damien, revenu vivre avec nous, qui officie en tant que technicien, régissant la lumière et le son. Les chats font partie de la tournée dans le camping-car que Jean a acheté. Ils sont plusieurs et leur nombre varie en fonction des aléas de la vie et des années. C'est d'ailleurs lui qui a l'idée d'emmener les animaux avec nous, sachant combien leur présence est capitale pour moi.

---

7. Annexe 1.

C'est ma thérapie ! Chanter mon désespoir et mon bonheur de vivre qui grandit chaque jour est ma façon de crier au monde l'injustice dans tous les domaines.

Loin de la chanson *Le téléphone pleure*, je deviens une chanteuse à textes, engagée, car si le rire m'a attrapée jusqu'à faire de l'humour noir une seconde nature en moi, j'en veux encore au monde entier, en particulier aux services de l'État.

Certes, douze années d'expression sur scène ont remplacé le psychiatre que j'aurais peut-être dû consulter régulièrement pour tenter de me soigner. C'est la scène qui a joué ce rôle de thérapeute, sachant qu'on ne peut guérir totalement. On n'oublie jamais. On apprend à vivre avec. Et c'est déjà bien.

En outre, ma thérapie n'aurait pas été complète si je n'avais eu le bonheur de travailler avec des personnes qui m'ont voué une réelle amitié, comme Henri Tachan, Georges Chelon ou encore Morice Benin.

On me tend le micro

Finaliste des Tréteaux chantants à dix-sept ans, je me produis plusieurs fois en direct sur Télé-Luxembourg dans *L'école buissonnière*. La vie aussi a le sens de l'humour ! Dès lors, je me fais remarquer par des agents professionnels et assure les premières parties de spectacles comme ceux de Mort Shuman, Carlos, Michèle Torr, Anne-Marie Carrière, Pierre Charby, Pierre Péchin, Patrick Sébastien, le groupe Ange, etc.

Je suis invitée à plusieurs reprises sur les plateaux régionaux de FR3, qui diffuse également des extraits de mes tours de chants. À vingt ans, j'enregistre mon premier quarante-cinq tours à compte d'auteur et j'en vendrai vingt mille exemplaires. Grâce à l'Alliance française, qui continue à me solliciter et dont la vocation est de faire découvrir notre belle langue de Molière à travers le monde, je présente mon spectacle dans plusieurs universités européennes.

C'est ainsi que je monte vivre six mois à Paris dans le camping-car de nos tournées. Je me produis avec bonheur au Lapin Agile à Montmartre et dans d'autres grands noms du cabaret. Je m'inscris aussi à l'école de Mireille et me retrouve même au *Grand Échiquier* de Jacques Chancel ou sur *Midi première*, aux côtés de Danièle Gilbert. Certes, c'est un temps que les moins de vingt ans ne peuvent pas connaître, mais combien fut-il enrichissant et passionnant !

On me demande souvent si mon spectacle est autobiographique. Je préfère mentir. Je ne veux pas que les spectateurs connaissent l'horreur de ce que j'ai vécu, j'en ai encore honte.

Pendant douze ans, je clame ma détresse au monde, je crache ma colère et ris des pires situations pour ne pas en pleurer. Les cachets sont souvent maigres, mais, pour la première fois de ma vie, je gagne de l'argent.

Heureux qui, comme Ulysse, a fait un beau voyage

Absolument indispensables à ma vie d'artiste, mes techniciens sont de merveilleux complices.

Mes premières années commencent en étant accompagnée par Damien, mon frère d'adoption. Nous avons le même âge à un mois près. En bons adolescents que nous sommes, nous nous chamaillons tout le temps, mais nous refaisons aussi le monde dans notre belle complicité sur toutes les routes de France et de Navarre. Il est, en outre, pour son jeune âge, un technicien remarquable de professionnalisme, cherchant toujours ce qui existe de meilleur comme matériel de sonorisation, d'éclairage ou d'enregistrement. Lorsque nous sommes à la maison, nous répétons pratiquement huit heures par jour. Comme moi, il désire la perfection, afin d'atteindre le « mieux possible » et nous réussissons ! Puis Damien cherchera, et c'est tout à son honneur, un travail plus stable. C'est ainsi qu'il nous quittera pour se construire en dehors du cocon familial.

Ensuite, Françoise et Christian Cuénin me rejoignent. C'est la période des fous rires incontrôlables. Je m'affirme et deviens une adulte. Je sais rire de tout et suis dotée à présent d'un humour caustique. Leurs deux filles, Laurence et Anne, participent au spectacle. L'aînée, Laurence, est au projecteur de poursuite. Anne est sur scène avec moi au milieu du spectacle, car nous réalisons, en guise d'entracte, un numéro de magie. Si Christian est à la fois au son et aux lumières, Françoise s'occupe de l'intendance et de notre confort entre les spectacles.

Parce que les cachets sont trop médiocres, j'ai rarement des musiciens derrière moi, mais cela arrive pourtant et j'explose alors de bonheur sur scène.

L'autre moi-même

Michèle Bourton, c'est mon nom de scène parce que je tiens à garder mon nom de naissance, mais, dans la vie, je m'appelle Zigoui.

D'où vient ce surnom, qui m'aidera tant à devenir moi-même ? À mon adoption, je n'ai rien d'une jeune fille, tant ma féminité fut bafouée par ma mère. Ma façon de marcher, les vêtements que je choisis, ma façon de rembarrer les autres, ma sauvagerie, me procurent une démarche plutôt masculine qui amuse mon père. Alors un jour, en bon licencié en grec qu'il est, il me baptise « Zigouigoui », qui signifie, en gros, « petit homme ». Les amis trouvent ce surnom tellement drôle que, dès l'âge de dix-sept ans, pour tout le monde dans la vie privée, je deviens Zigoui, diminutif de Zigouigoui.

Dans un premier temps, c'est Zigoui qui grandit et devient heureuse, car cette « pourriture » de Michèle n'existe plus. Mais quand se pose la question d'un nom de scène, je réponds sans hésiter :

« Celui de mon état civil : Michèle Bourton. » Et c'est ainsi que Zigoui réhabilite et soigne Michèle. Aujourd'hui, je suis fière de mon nom, mais j'aime toujours mon surnom, car il émane de l'immense amour de l'Ours et de tous les amis qui m'ont tant aimée et aidée.

Je passe douze ans à parcourir les routes, sans même voir les paysages défiler — je dors durant les voyages entre deux villes —, douze ans sans vie privée... Je finis doucement par me lasser. La scène m'a transformée et je suis à présent largement en voie de guérison. Je sais que je peux vivre, que je suis pleinement admise par les membres de l'espèce humaine et j'estime avoir assez hurlé au monde tout ce que je pense. À vingt-huit ans, j'annonce que je quitte la scène. Je suis mûre et prête à affronter la vie.

Chapitre 20

L'enseignement, enfin !

À l'école de l'auto-école

Sans baccalauréat et sans études, il faut que je trouve une formation en quittant la scène. Je lis une publicité vantant celle du monitorat auto-école à Jarville, banlieue de Nancy. J'adore conduire. Sur un coup de tête, sans savoir que le destin me prend par la main, je m'engage.

Mon instructeur s'appelle François Serrier. Il n'a jamais su combien son enseignement avait provoqué chez moi un bouleversement radical. En effet, exceptionnellement intelligent et doté d'un sens de l'humour corrosif, il forme ses élèves à l'apprentissage de la conduite avec une sensibilité et une humanité remarquables. Je découvre l'incroyable bonheur d'enseigner, de transmettre, d'apprendre aux autres, et tout cela dans la joie. Je bois et intègre chacun de ses cours, ne sachant pas encore que j'en serai imprégnée à vie. Durant ces quelques mois de formation, je rirai tant qu'au fil des années, mes sourires épanouis illumineront de plus en plus mon visage, transformant même ma morphologie.

Pourtant, de la tristesse vient ternir cette joie de vivre et d'apprendre. En effet, peu de temps avant de m'inscrire à cette formation, j'entre comme employée administrative à la ville de Vandœuvre. Un jour, le maire me convoque et m'informe qu'il ne peut me garder, parce qu'une enquête sur mes ascendants révèle que je suis la fille d'un homme dont le nom est apparu trop souvent dans les feuilles de choux du coin. Je découvre avec horreur que les crimes de mon géniteur me poursuivent, moi qui l'ai connu si peu et n'ai pourtant pas été éduquée par lui. Il est vrai que je suis la progéniture d'un brigand, mais cet état, dont je ne suis nullement responsable, me poursuivra-t-il toute ma vie ? Être la fille d'un criminel fait-il de moi une criminelle ? Fernand Bourton fit tant parler de lui dans les journaux à chacun de ses méfaits que notre patronyme amène parfois les gens à me demander si je suis de la même famille. Bien sûr, je réponds que non.

Et lorsque François Serrier nous explique un jour, à la fin d'un cours de droit, que notre casier judiciaire doit être vierge pour avoir l'autorisation d'enseigner, je panique, car je me doute qu'une enquête sera encore réalisée sur mes ascendants. Je ne me souviens plus si j'ose lui en parler, mais j'en discute avec l'Ours. Je dois interrompre cette formation. Il me propose de me rendre en préfecture et d'en discuter avec un responsable, avant de prendre une décision hâtive. Je n'ose pas. Je suis en état de panique.

Le ronronnement des chats, leurs jolis et brefs discours sont le moyen pour moi d'apaiser mon anxiété. Cela contribue à donner du sens à un monde que je ne comprends toujours pas. Un monde qui, assurément, ne me comprend pas non plus. Je sollicite un rendez-vous avec un fonctionnaire de la préfecture, qui deviendra un grand ami par la suite. Je lui expose ma situation et partage mon angoisse à l'idée que je ne pourrai jamais réaliser mes envies avec un État qui m'écarte… comme si la criminalité se transmettait par les gènes et faisait de moi un être préjudiciable pour la société. Olivier promet de se renseigner auprès de magistrats. Il me convoque peu de temps après et m'annonce que si j'obtiens mon diplôme, j'aurai l'autorisation d'enseigner. Rassérénée, je continue ma formation.

Peu de temps après l'obtention de mon monitorat, j'ouvre ma propre auto-école à Vandœuvre-lès-Nancy et j'obtiens d'excellents résultats avec mes élèves. Grâce à quoi ? Au rire qui met tant les élèves stressés en conditions plus détendues. Le sérieux et le rire s'entendent à merveille dans l'éducation et l'apprentissage. Je rencontrerai par la suite un nombre impressionnant de pédagogues, de gens diplômés en neurosciences, de formateurs vantant diverses méthodes plus ou moins originales, mais, jusqu'à ce jour, je n'ai jamais rencontré un talent comme celui de François Serrier. Merci, Monsieur.

C'est incontestablement grâce à vous que j'entrerai plus tard dans l'Éducation nationale jusqu'à la naissance de mon propre établissement Candide en 2013, expérience qui se poursuit désormais en Afrique. Nous y reviendrons.

Retour sur les bancs

En juin 1990, je passe plusieurs tests auprès d'une personne de l'Éducation nationale (je ne sais plus quelle était sa fonction), afin de déterminer si l'on m'intégrera d'abord en 1ère ou directement en terminale. Il s'avère que mon niveau est suffisant pour réussir une terminale. J'apprends même que j'ai un QI de 144, ce qui est élevé, m'explique cette dame. Moi qui me suis crue bête pendant toute mon enfance...

Lorsque j'entre en terminale littéraire, j'ai donc... trente-deux ans. Nous sommes un peu plus de trente élèves dans cette salle et notre professeur principal nous explique la façon dont cette dernière année va se dérouler. Pour moi, en fait, c'est la première année de lycée, puisque j'ai quitté, à l'issue de trois semaines, la classe de seconde où j'avais été admise avec beaucoup de réticence. Évidemment, je suis la seule adulte parmi les élèves, dont l'âge varie entre seize et dix-neuf ans. Ils me regardent comme une extraterrestre. C'est d'ailleurs ce que je ressens moi-même... J'ai peur de les regarder, j'ai honte d'être assise à cet endroit. Je suis totalement angoissée à l'idée que je vais peut-être une nouvelle fois abandonner en cours de route. Et je panique à la simple pensée de l'échec au bac : ne suis-je pas en train de me lancer dans une aventure chimérique ? Deux personnes m'aident grandement.

Naturellement, la première est l'Ours. Il me promet de m'aider à chaque fois que ce sera possible et de me soutenir tous les jours. Je rappelle qu'il possède une licence en lettres classiques. Il constitue une boussole qui m'indique le nord dans mon monde de peurs. En outre, sa famille et ses amis ne sont au courant de rien pendant plusieurs mois. Ainsi, en cas d'échec, je n'essuierai pas les moqueries. Le secret sera pourtant éventé vers mars 1991, mais, à ce moment, je suis devenue forte grâce à mes résultats et aux rapports extraordinaires que j'entretiens avec mes enseignants et même les élèves.

La deuxième personne qui réussit à me redonner confiance est la dame qui me fait passer les tests de connaissances et les tests psychotechniques. En effet, elle me félicite pour ce désir de me présenter au baccalauréat à mon âge et me persuade de franchir le pas, en m'assurant que je suis capable de décrocher ce fameux sésame pour l'université. Réelle, son empathie n'a rien à voir avec l'affreux dédain du proviseur qui me conseillait presque de laisser tomber à l'âge de dix-sept ans. Elle me fait promettre de revenir la voir si je sens mon courage s'effriter. Merci, Madame.

Et du courage, il m'en faut ! En effet, je ne comprends strictement rien dans les matières scientifiques, sauf en SVT. Heureusement, le coefficient est seulement de 1, mais je dois obtenir de bonnes notes en français, anglais, philosophie, histoire et géographie. C'est d'ailleurs en français qu'il me faut le plus de force de caractère, car les livres au programme, dont *La Princesse de Clèves* de Madame de La Fayette et *Manon Lescaut* de l'abbé Prévost ne m'intéressent pas. Cette dernière histoire écrite au XVIIe siècle narre les aventures d'un homme malhonnête et d'une catin. Même si leurs actions sont guidées par l'amour, ce roman illisible pour moi en raison du nombre de mots que je dois chercher dans le dictionnaire m'agace au plus haut point. Quant à l'œuvre de Madame de La Fayette, roman historique qui se déroule au XVIe siècle, elle m'énerve littéralement. Je crois fâcher mon professeur de français lorsqu'il me demande ce que j'en pense :

— Je n'ai pas aimé cette histoire et encore moins les personnages, parce que si la vertu est une grande qualité, celle de la Princesse de Clèves est irritante. Elle ne vivra jamais le bonheur d'aimer celui pour qui elle voue une passion dévorante. La vertu connaît des limites. La Princesse semble masochiste.

Je m'attends à ce que mon interlocuteur m'explique que je n'ai rien compris à l'esprit de l'époque, mais après m'avoir observée pendant quelques secondes, il me répond avec un petit sourire :

— Votre réponse est franche, mais moi, je suis un passionné de l'écriture du XVIIe siècle.

En revanche, je jubile en philosophie en lisant *Du contrat social* de Rousseau. Néanmoins, j'ai tant peur de l'échec tout au long de cette année ! Je suis très studieuse, afin de mettre toutes les chances de mon côté. J'ai trois alliés : mon père, bien sûr, ainsi que Pompon et Fripouille, qui viennent se coucher sur moi dès que je rejoins mon lit pour réviser. Le couple ronronne très fort à chaque fois que mon angoisse a tendance à m'étouffer. On m'a tellement rabâché au cours de ma scolarité que j'étais bête, qu'il est impensable que je puisse obtenir ce fameux laisser-passer pour la faculté. Même avec un QI de 144.

Mon père me soutient au point que, trois jours avant la première épreuve, il me kidnappe littéralement pour m'extraire des révisions, afin d'assouvir une de mes passions : la visite de l'Alsace moyenâgeuse. J'adore les villages médiévaux. Pendant ces trois jours, l'Ours en profite pour me répéter que si je réussis, c'est formidable, mais que, dans le cas contraire, cela ne diminuera en rien mon intelligence. C'est un moment de détente absolue et salvatrice.

J'y vais, j'y vais pas ?

C'est le jour du résultat, celui où l'on pleure de tristesse ou de joie. Je sens la tension monter en moi. Je suis nerveuse. L'Ours aussi, car il rêve autant que moi de cette réussite. Je suis bien incapable de conduire pour aller découvrir la colonne où se trouve mon nom ; c'est lui qui prend le volant.

Nous arrivons devant les panneaux avec les listes. Le nom « BOURTON Michèle » apparaît dans celle des... reçus ! En plus, j'ai la mention Bien. Quand je recevrai mes notes, je pesterai un peu contre moi, car ma moyenne est de 15,75, donc je rate la mention Très bien d'un 0,25 petit point !

Nous avons du mal à consoler les recalés tant notre joie est immense. Nous nous éloignons des autres pour ne blesser personne. Une fine traînée de nuages blancs poudroie les confins d'un ciel d'azur. Je pense que mon cœur va éclater. Je ne suis pas une fêtarde du tout. Je dois boire un apéritif par mois à peu près et quelques bières sur les terrasses ombragées l'été. Ce n'est donc pas un bouchon de champagne qui nous permet de fêter dignement ma réussite, mais un excellent restaurant choisi par l'Ours, dans une cour verdoyante et baignée de soleil. C'est un tournant dans ma vie, grâce auquel je vais reprendre confiance en moi. Le trajet que nous empruntons pour laisser éclater notre liesse et notre soulagement se fait dans une explosion de couleurs : les prés sont d'un vert exubérant ponctué du blanc des agneaux qui s'ébattent dans l'herbe grasse. Les arbres aux riches nuances d'été nous ouvrent la route et les fleurs saluent notre passage.

Nous arrêtons la voiture et sortons respirer près des moutons. Mon père me prend dans ses bras et me serre fort contre lui en versant des larmes de bonheur. Tellement merci, mon Ours.

Quelques jours plus tard, je retourne voir la dame qui m'a encouragée à entrer directement en terminale. Je la remercie profondément et elle fait le tour de son bureau pour m'étreindre à son tour brièvement. Qui peut penser qu'il n'y a pas des gens extraordinaires dans l'Éducation nationale ?

Mamie à la fac

J'ai trente-trois ans. Aussitôt le bac obtenu, je m'inscris à l'université — souvenez-vous, les frais d'inscription sont offerts aux enfants de la DDASS. Ne sachant vers quoi m'orienter, je choisis un Deug de psychologie. Alors que je vérifie l'inconfort des bancs de l'amphithéâtre le premier jour, les jeunes potaches à peine majeurs me regardent d'un air dubitatif, se demandant si je suis élève ou enseignante. J'ai presque le double de leur âge ! Au début, quand ils comprennent que je suis bien une de leurs pairs, ils m'ignorent. Si eux ont connu une scolarité sans heurts ou quasiment, moi, je possède la maturité que l'on ne peut avoir à dix-huit ans. C'est pourquoi mes excellents résultats dès le début les incitent à venir me retrouver à la bibliothèque universitaire et à me demander de les épauler dans leur travail. J'accepte avec plaisir. En outre, ils m'aident tout autant, car on n'apprend jamais aussi bien qu'en enseignant aux autres.

Au cours de mes études, une citation conditionnera incroyablement mon avenir d'être humain : « Nous avons le devoir d'être heureux », du philosophe Alain. Nous savons que nous avons le droit d'être heureux. Mais le devoir ? D'après Alain, nous devons obligatoirement faire tout ce que nous pouvons pour rendre heureux ceux que nous rencontrons et qui nous entourent. Nous devons leur diffuser notre lumière, notre générosité et notre joie de vivre. Dès lors, je suis certaine qu'il s'agit là d'une recette extraordinaire pour notre propre bonheur aussi. Je décrète que je l'appliquerai dans ma vie de tous les jours.

J'ai soif d'apprendre ! Tout m'intéresse. Après mon Deug, je valide une licence en Lettres modernes et termine par un DEA[8] en histoire.

Parallèlement à mes études, comme j'ai toujours mon auto-école, je m'inscris à une formation pour me présenter à l'examen du BAFM[9]. C'est un échec, car cette période est largement perturbée par un accident domestique survenu à l'une de mes sœurs. Je gère à la fois mon auto-école, mes études supérieures avec leurs partiels, les cours dispensés pour le BAFM et les visites en Moselle, à l'hôpital des grands brûlés. Pour moi, c'est un signe. Je dois cesser de naviguer à vue et choisir un chemin. C'est à peu près vers cet âge que je commence à me poser des questions existentielles et surtout celles-ci : naissons-nous avec une mission à accomplir ? Avons-nous un ou des guides qui nous observent en nous laissant nous tromper, bifurquer, revenir sur un chemin, tâter des expériences plus ou moins réussies, jusqu'à ce que nous nous placions enfin sur la bonne voie, celle pour laquelle nous sommes nés ? Nous incarnons-nous sachant que nous allons vivre des expériences plus ou moins terribles, mais dans un but précis ? Notre mission ? Je ne suis pas mystique, mais pas non plus athée. Je me situe dans la classe des agnostiques.

---

8. DEA : Diplôme d'études approfondies, remplacé aujourd'hui par le terme de Master II.
9. BAFM : Brevet d'aptitude à la formation de moniteurs.

Champion, l'État !

Durant les deux années pour obtenir mon DEA en histoire, je cesse mon activité de monitrice d'auto-école, exercée depuis six ans. Je me présente au concours d'inspecteur du permis de conduire et suis reçue première sur plus de quatre mille sept cents candidats ! Je ne vous dis pas ma fierté...

Cependant, là encore, l'État s'en mêle, ou plutôt s'emmêle : à la suite d'une enquête sur ascendants, révélant le passé criminel de mon père biologique, on m'empêche d'exercer en tant qu'inspectrice ! À ce moment-là, je m'effondre. Comment l'État peut-il agir ainsi avec ses pupilles de la Nation ? Face à une telle injustice, je me bats et je gagne. Et comme le destin se charge de nous guider vers ce qu'il y a de meilleur pour nous, j'exerce finalement très peu ce métier... inintéressant. Je le sais déjà à l'école de Nevers, mais je choisis cette filière uniquement pour avoir plus de temps afin de préparer mon doctorat en histoire.

La vie me réserve des activités nettement plus enrichissantes, mais je ne les connais pas encore. Depuis la Côte d'Azur où je suis affectée, je confie à une amie que je vais m'engager dans un doctorat. C'est alors qu'elle me rapporte que plusieurs collèges ne parviennent pas à recruter de professeurs de français. C'est comme un nouveau défi pour moi : pourquoi ne pas postuler au rectorat de Metz-Nancy ? Chiche !

Je suis embauchée et abandonne le doctorat. Je remonte en Lorraine et commence une nouvelle vie. Désormais, je ne suis plus rejetée par la fonction publique en raison d'un géniteur meurtrier. Il m'est enfin autorisé de vivre ma joie d'« être », sans entrave dans la société. J'y compte bien, et ce sera en tant que Michèle Bourton !

Chapitre 21

Au cœur du mammouth

Treize années et une pièce montée

Mes débuts sont mémorables : je suis convoquée pour un entretien d'embauche dans le bureau du principal du collège Louis Armand à Golbey, dans les Vosges. C'est à soixante-sept kilomètres de Vandœuvre-lès-Nancy. Cet homme bienveillant me demande à quelle date je peux commencer le remplacement de l'enseignant de français. Très spontanément et avec une bonne dose de naïveté, je réponds :

— Tout de suite, si vous voulez.

Je ne m'attends pas à ce qu'il m'introduise cinq minutes plus tard dans une classe de 6e ! Il saute sur cette occasion pour ferrer une remplaçante, afin de faire taire les manifestations des parents. Que faire ? Je n'ai jamais enseigné à une classe, et n'ai rien préparé… Au secours ! Dieu, si Tu es dans les environs, viens vite faire un tour par ici…

Je m'en sors très bien et passe presque un an dans cet établissement. Je vous rassure, je ne vais pas vous faire la liste de tous les collèges et lycées dans lesquels j'ai enseigné. C'est ainsi que, comme beaucoup d'autres enseignants, j'entre dans l'Éducation nationale en tant que vacataire, puis comme contractuelle pendant des années. Après le français, je deviens professeur d'histoire/géographie et me retrouve au lycée technologique et professionnel privé Saint-André, à la frontière luxembourgeoise, soit à plus de cent kilomètres de mon domicile. Je fais la route chaque jour. C'est épuisant, d'autant plus que ma classe compte quarante-cinq élèves. Oui, quarante-cinq élèves...

Ils ont entre quinze et dix-sept ans et sont en BEP. Il me faut asseoir mon autorité face à ces adolescents qui veulent devenir restaurateurs ou hôteliers et se moquent totalement de l'histoire et de la géographie. Comme ils sont nombreux, on m'attribue l'amphithéâtre pour leur faire cours.

Un jour, je remarque de mon bureau un geste sexuel chez un garçon d'environ seize ans. N'osant y croire, je monte lentement les marches qui me mènent vers les bancs. Mon impression n'en est pas une : l'adolescent est bien en train de se faire plaisir en plein cours. Ne sachant comment réagir, je décide de jouer à celle qui n'a rien vu et continue la leçon en faisant plus ou moins le tour de l'amphithéâtre. Je réagis bien, car, constatant que rien ne me dérange, les élèves deviennent moins réfractaires.

De mois en mois, grâce à l'empathie et aux rires, nous nous apprivoisons. À la fin de l'année, la classe réalise une magnifique pièce montée pour mon départ. Je leur avais raconté que cette pâtisserie était l'un de mes péchés mignons.

En septembre, je fais la connaissance de jeunes rebelles ; en juin, je quitte des élèves chaleureux.

Je me suis souvent demandé pourquoi j'acceptais d'enseigner si loin de chez moi. La réponse est simple : j'adore ce métier et les élèves semblent si heureux avec moi que cela vaut la peine de me déplacer pour eux. Encore aujourd'hui, en 2021, je reçois des messages émouvants de leur part.

Dans le but d'être titulaire, de ne plus avoir à parcourir ces distances et être mieux rémunérée, je dois passer le Capes (Certificat d'aptitude au professorat de l'enseignement du second degré). Or, je n'ai plus envie de me replonger dans les études, même pour réussir ce concours.

Haro sur les handicapés !

Que ce soit en tant que professeure de français, d'histoire/géographie, de droit ou de culture générale, je me heurte toujours aux mêmes problématiques, surtout dans les établissements d'enseignement secondaire : trop d'élèves par classe, des jeunes pas écoutés, une hiérarchie souvent sympathique mais impuissante, des collègues dépressifs et des kilomètres de bitume à avaler chaque jour.

N'étant pas masochiste, j'en ai assez d'être nettement sous-payée et de dépenser mon salaire dans les frais de route. Je rêve de vivre dans le sud-est, depuis que mon parcours en tant qu'inspectrice du permis de conduire me l'a fait découvrir. Mon téléphone sonne pendant que je dispense un cours sur les Tudor (oui, c'est bien à leur programme). On demande une directrice adjointe chez Alpha, le parc des Loups du Mercantour, au Boréon, juste au-dessus de Saint-Martin-Vésubie, dans les Alpes-Maritimes. Déçue par l'homme infidèle que j'aime depuis quelques années et par l'Éducation nationale, je postule. J'ai quarante-cinq ans. Mon parcours fait mouche : le directeur me sent capable d'occuper le poste et m'embauche. Je suis dans mon élément puisqu'il s'agit d'un parc animalier et que la passion des animaux de mon enfance ne fait que s'amplifier. Hélas, au bout de six mois, mes collègues et moi constatons de graves manquements dans le soin des animaux. Pour nous, c'est impossible à accepter. Le directeur est renvoyé, mais je n'ai pas la patience d'attendre son remplaçant. Nous démissionnons les uns après les autres. Je rassure les touristes : tout est conforme maintenant et les loups sont désormais heureux au parc Alpha.

Je postule au rectorat de Nice en tant qu'enseignante dans le second degré et... je suis tout de suite nommée à l'IFA (Institut de formation automobile) à Nice. L'Ours, ayant pris sa retraite, me propose de m'accompagner et nous descendons dans la vallée pour emménager dans un appartement proche de mon établissement. J'ai le suprême bonheur de participer à la formation des étudiants du CAP au BTS (français, histoire/géographie, éducation civique, culture générale). À l'issue de trois années en CDD, huit jours avant de signer ma titularisation, le président de la République Nicolas Sarkozy décide de réduire le nombre de professeurs. Dernière arrivée, première partie ! Merci, M. Sarkozy.

Pour couronner le tout, ayant de plus en plus mal au dos, et mes jambes me faisant littéralement défaut par moment, je réalise nombre d'examens médicaux. On s'aperçoit, par une scintigraphie osseuse, que j'ai six vertèbres cassées depuis longtemps.

On m'apprend que des morceaux d'os se promènent autour de certaines vertèbres et que j'ai plusieurs spondylolisthésis dans la région lombaire. Mes disques sont devenus virtuels et trois kystes colonisent ma colonne vertébrale, dont un de Tarlov, tout en bas.

De là s'ensuivent la perte de la marche, l'adoption d'un fauteuil roulant pour me mouvoir, les séances chez le kinésithérapeute… À force de volonté, je réussis à marcher de nouveau. Bref, je suis debout avec une canne et c'est l'essentiel pour moi. Je suis reconnue « travailleur handicapé », mais il faudra que je pâtisse encore pendant cinq ans avant de pouvoir obtenir l'Allocation aux adultes handicapés (AAH), qui me permettra de réduire mon activité, donc de moins souffrir.

Jean descend vivre à mes côtés dans le sud dès 2005, afin de m'aider. L'été précédant la décision de N. Sarkozy, nous nous rendons au Festival d'Avignon. Toute la région du Luberon nous plaît. En même temps que mon licenciement tombe comme un couperet, le propriétaire de l'appartement que nous occupons à Nice veut vendre son bien. N'ayant plus rien à faire dans les Alpes-Maritimes, nous déménageons à quinze minutes d'Avignon. Je retrouve un poste d'enseignante en deux jours et, incroyable…

tout près de chez moi ! Les académies se suivent, mais ne se ressemblent décidément pas. Quand je me souviens de celle de Metz-Nancy et ses deux cents kilomètres quotidiens…

Cependant, mon ras-le-bol commence à se faire très prégnant. Certes, je suis reconnue « travailleur handicapé », mais à part le directeur du collège du Thor, aucun principal ni proviseur ne tient compte de mon handicap. Souffrant du dos de manière épouvantable, j'ai affaire dans cette belle région à des chefs d'établissement qui, par exemple, me refusent l'accès aux ascenseurs. C'est incompréhensible, d'autant que je ne reçois aucune explication. Par ailleurs, moi qui obtiens toujours d'excellents rapports à la fin de mes missions, voilà qu'à la suite de mon insistance pour bénéficier de salles au rez-de-chaussée ou des clés de l'ascenseur, je reçois des appréciations mitigées. À Salon-de-Provence, il y a même un principal de collège qui me lance :

— Je n'ai jamais demandé au rectorat de m'envoyer des professeurs handicapés !

Comment dire ?

J'en ai marre !

J'accepte un poste dans un lycée d'Avignon. J'ai des classes allant de la sixième à la terminale. Le proviseur me fait visiter l'établissement. Nous marchons dans le couloir lentement parce que je n'ai plus de canne, mais je ne cours pas comme un lapin. Nous sommes accompagnés par les voix assourdies des professeurs qui font cours derrière les portes closes. Dans le réfectoire, les conversations laissent place à la java des mandibules pendant qu'au loin, un chœur d'enfants fait un sort aux chants de Noël qui approche.

Nous sommes en octobre 2012. Deux événements déclenchent la décision ferme qui va transformer ma vie : d'abord, une élève de 6e dyslexique se met à pleurer lorsque je lui réponds, agacée :

— Mais non, je ne vais pas trop vite ! Fais un effort pour suivre !

Je ne pourrai jamais supporter que quelqu'un verse une larme de chagrin devant moi. De plus, par ma faute. Cette situation m'affecte profondément.

Il me vient alors une idée : je propose aux parents de cette petite de la prendre en cours particuliers gracieusement, afin de l'aider à comprendre ses leçons et à réaliser ses devoirs. Je leur promets qu'elle rira chaque soir pour que cette aide ne soit pas un calvaire de plus, mais une réjouissance. Cela marche ! Sa moyenne générale inférieure à dix monte à quinze au trimestre suivant. Cela complique mes rapports avec certains de mes collègues, qui craignent, à juste titre, qu'on leur demande encore plus pour le même salaire.

Le deuxième élément est déterminant. En pleine réunion parents-professeurs, un adolescent se présente à ma table accompagné de sa maman. Je ne le reconnais pas, il s'est sans doute trompé de salle.

— Mais si, Madame, je suis bien dans votre classe, me rétorque-t-il !

Je souris et lui affirme que non. Devant son insistance, je vérifie ma liste d'élèves. Le jeune garçon en fait bien partie ! Et je ne l'ai jamais remarqué. Pas de doute, je ne peux plus enseigner à des numéros, à des noms sans importance, juste pour percevoir un salaire en fin de mois.

Et puis, je me rappelle… J'ai moi-même des souvenirs atroces de l'école : on m'ignore en me lançant des regards méprisants, on me reproche de ne pas faire mes devoirs. Ne suis-je pas en train de me comporter de la même manière avec mes élèves ? J'ose m'avouer la vérité : oui, je suis en train de devenir une prof qui reproduit avec ses élèves exactement le même schéma qu'elle a connu enfant.

J'en prends conscience avec trois de mes chats qui corrigent les copies sur le canapé avec moi (ils laissent d'ailleurs des traces de coussinet). Pourtant, je suis différente des autres enseignants, car tous les élèves sont unanimes pour reconnaître que mes cours de français ou d'histoire/géographie sont vivants et que je les fais énormément rire, sans pour autant bâcler le programme officiel. Au contraire... Le niveau de la plupart d'entre eux s'améliore constamment.

Marre des classes de trente-cinq élèves et plus, marre de ne pouvoir les aider individuellement, marre de grimper des étages avec des ados qui me bousculent et me font tomber, marre de me surprendre à répondre aux enfants qui n'ont rien compris : « T'avais qu'à écouter ! », « T'avais qu'à faire ton devoir ! », « T'avais qu'à... », « T'avais qu'à... » Stop !

J'en ai marre. De ne pas être moi.

Troisième partie

LA DISTRIBUTION DU BONHEUR

C'est un devoir aussi envers les autres que d'être heureux.

Alain[10]

10. Alain, *Propos sur le bonheur*.

Chapitre 22

Candide et ronronthérapie

Cultivons notre jardin

Je fais le point : j'adore enseigner et mon amour pour les félins est immense, comme pour tant d'autres animaux, mais je ne peux accueillir toutes les espèces chez moi — n'est pas Noé qui veut.

Comme souvent, les réponses à nos questions sont en nous ; la mienne, je la vois, je l'entends, je la vis. Oui, c'est décidé, je vais lier mes deux passions : l'enseignement et les félins.

Nous sommes en décembre 2012. Pendant les vacances de Noël, je crée l'Association éducative et culturelle Candide. Mon père en est le président, lui qui comprend si bien pourquoi j'ai tant besoin de rendre tous les élèves heureux. En effet, si l'enfance ne dure qu'un court laps de temps dans la vie, elle conditionne toutes les années qui suivent.

Jean, ce fut pour moi comme si un kaléidoscope avait pris possession de ma vie : des couleurs partout ! Pas une journée auprès de lui ne ressemble à la précédente et elles vibrent toutes d'un tel sentiment de vie et de bonheur que j'ai envie de le transmettre à mes futurs élèves.

Pourquoi « Candide » ?

La veille de Noël, je corrige les dissertations de mes élèves de 1ère sur *Candide ou l'Optimisme*, l'œuvre de Voltaire, et je m'étonne avec l'Ours de l'incompréhension du conte par certains de mes adolescents. Candide, jeune, est un personnage heureux auquel Pangloss a expliqué que la vie est pleine d'optimisme. Or, ses mésaventures à travers une bonne partie de l'Europe et de l'Amérique du Sud finissent par le rendre pessimiste. Après bien des expériences, à la fin de sa vie, il rencontre à Constantinople un paysan turc âgé qui lui déclare :

— Mon bonheur vient du fruit de mes terres.

C'est ainsi que Candide, après avoir vécu les joies et les peines de la vie, découvre un bonheur simple en apprenant à cultiver son jardin. Dans tous les sens du terme. C'est mon père qui soudain propose :

— D'ailleurs, pourquoi n'appellerais-tu pas ton école « Candide » ?

Bien qu'écrit au XVIIIe siècle, je trouve ce conte philosophique d'une réalité saisissante. J'enseignerai à mes élèves le chemin qui mène à la connaissance. Je veux aider la jeunesse qui passera par mon école à tout faire pour réussir à cultiver son propre jardin. Et je vais aider par la même occasion un bon nombre de boules de poils à vivre heureuses, elles aussi.

Allons-y !

Allô, l'Éducation nationale ?

Sur le plan administratif, c'est très compliqué d'ouvrir un établissement scolaire, car l'Éducation nationale a, bien entendu, horreur des écoles hors contrat qui fleurissent çà et là, tant la demande des familles est importante. Ces dernières ne désirent plus imposer à leurs enfants des classes surchargées où la tentative de discipliner les élèves constitue la matière principale du programme officiel.

C'est le parcours du combattant, dont je vous fais grâce. J'ai seulement envie d'affirmer que, pour créer son propre établissement scolaire, il faut en brûler d'envie et ne jamais lâcher, malgré toutes les pressions que l'on subit. D'un autre côté, je comprends la méfiance des académies pour avoir visité différentes écoles hors contrat avant de créer la mienne. La plupart d'entre elles ne respectent absolument pas les programmes, développent des projets soi-disant excellents pour des élèves qui ne seront jamais admis aux examens nationaux. Quelques établissements imposent à leurs élèves un prosélytisme religieux. Puisque les parents cautionnent, c'est leur choix et je ne m'étendrai pas sur le sujet. Je suis tout de même indignée lorsque j'apprends que certaines sont subventionnées par l'État.

Et si l'Éducation nationale s'inquiète de voir tant d'établissements hors contrat sortir de terre, ses dirigeants devraient se poser des questions. Les professeurs, complètement épuisés et dépassés par les effectifs des classes, pressés par les programmes à finir, devant jouer au gendarme plutôt qu'enseigner et infliger des heures de colle pour toute réponse au malaise d'un élève, ne peuvent s'occuper de ceux en difficulté. Ils donnent leurs cours dans une ambiance inhumaine et suivra, suivra pas, l'enfant devient un pion, un nom sur une liste. L'enseignant n'a pas le temps de s'intéresser à chacun en particulier. Ceux qui sont aidés à la maison réussissent. Les autres sont orientés malgré eux. Le monde de demain, géré par les jeunes d'aujourd'hui, ne risque pas de tendre vers l'amélioration ni sur le plan géopolitique ni sur celui du développement durable. Tant que le gouvernement ne mettra pas les moyens financiers et humains que mérite la jeunesse pour notre futur, il n'y aura pas de transformation sociétale. Voilà, c'est dit.

La vraie révolution est là : elle n'est pas dans ces programmes qui changent chaque année, elle n'est pas dans la volonté d'inclure des enfants différents dans les classes sans aide appropriée, elle n'est pas dans la modification des jours d'école dans la semaine... À chaque réforme, on change une pièce du puzzle par-ci, par-là, alors que c'est le socle lui-même qu'il faut révolutionner. Et on refuse même de s'inspirer de ce qui se passe à l'étranger, dans des pays où l'éducation fonctionne bien, au Danemark par exemple. En

France, on préfère supprimer des postes d'enseignants plutôt que d'en ajouter, car « l'éducation n'a pas d'argent », comme on nous le répète en permanence. Pourtant, Abraham Lincoln a dit : « Si vous trouvez que l'éducation coûte cher, essayez l'ignorance ! » Une belle illustration de notre système actuel qui, en plus de l'ignorance, entraîne la délinquance chez bon nombre de jeunes désœuvrés. Et l'on construit des prisons au lieu d'ériger des écoles. Choix de société sans doute discutable.

Mon but est de créer un groupe scolaire du CP à la 3e générale, avec l'intention d'ouvrir les classes de lycée par la suite. Persuadée que les interactions entre les humains et les félins sont bénéfiques aux deux, mon école accueillera des chats en pleine liberté.

En février 2013, afin de recruter mes futurs élèves, je crée un site internet consacré à la prochaine ouverture de Candide et je distribue des tracts dans les boîtes aux lettres de la région. Une des premières personnes à me rendre visite est orthophoniste à quelques kilomètres de chez moi. Elle vient se renseigner au nom d'un petit patient dont la famille cherche une école différente. Elle est aussi intéressée par les pédagogies innovantes.

Il y a dans la vie des rencontres qui doivent se faire. C'est ainsi. Nous devenons immédiatement complices et deux heures plus tard, nous travaillons ensemble. Nous nous entendons si bien que cette « frangine » va devenir ma directrice adjointe et m'aider à mettre le projet en place. Il s'agit de Céline Brusa.

L'ouverture se fait le 1er septembre 2013 avec vingt-six élèves du CM1 à la 3e générale. Certains sont précoces, phobiques de l'école ou présentent des troubles d'apprentissage. Nous n'obtenons aucun prêt bancaire ni aucune subvention et je dois me rendre à l'évidence que l'école de mes rêves ne peut pas être gratuite. Et pourtant, je suis farouchement opposée au fait de rendre la scolarité payante. Nous sommes contraintes de demander une cotisation scolaire aux familles et cela nous rend malades. Pour moi, l'éducation est la meilleure arme et la seule que l'on doit offrir à nos futurs adultes pour construire un monde entièrement juste et démocratique, pour que toutes les catégories sociales soient les plus heureuses possibles, en paix, sur une Terre respectée par l'Homme. Et il faudrait payer pour apprendre à devenir un citoyen responsable et heureux ? N'est-ce pas l'un des devoirs de la société ?

Par ailleurs, je suis entièrement bénévole en tant que directrice générale et enseignante, afin de diminuer au maximum le prix demandé aux familles. Je le resterai jusqu'à la fermeture en mars 2019.

Ronronthérapie à la sauce Candide

Je rappelle aux lecteurs que cette autobiographie n'a pas pour but d'exposer la pédagogie innovante Candide liée à la ronronthérapie[11] dans le détail, ce qui sera l'objet d'un prochain livre. En voici néanmoins un court résumé.

Ma devise est claire : « Faites de votre enfant ou adolescent un élève heureux ! »

Je suis bien placée pour savoir qu'on n'oublie jamais son enfance. Je désire que les élèves soient épanouis et radieux. Je veux que leurs souvenirs soient colorés par les moments extraordinaires de leur scolarité. L'école ne doit pas être une corvée, encore moins un cauchemar.

L'excellence des apprentissages ne peut qu'être étroitement liée à des effectifs réduits par classe. C'est pourquoi je crée des niveaux de quinze élèves maximum. L'envie d'apprendre est naturelle et les enfants acquièrent rapidement de l'autonomie dans leurs travaux,

11. Brevetée et protégée par l'INPI (Institut national de la propriété industrielle).

avec des enseignants dont la présence est essentielle dans ma pédagogie. Comme les programmes de l'Éducation nationale sont parfaitement respectés, nos jeunes obtiennent leur brevet des collèges et une culture générale supérieure à celle des écoliers du classique. Pour les aider à atteindre le bonheur d'apprendre, chacun peut compter sur... les chats.

La pédagogie Candide à elle seule n'aurait pas produit les véritables miracles qu'elle a engendrés si elle n'était étroitement liée à la ronronthérapie. À Candide, la phobie scolaire, la violence, le stress, les problèmes d'apprentissage et l'angoisse se désagrègent grâce à la douceur et à l'humanité réintégrés dans notre fonctionnement.

Des chats assistants pédagogues

Dès 2013, j'explique à Céline qu'il ne fait aucun doute que ce sont les chats qui m'ont empêchée de mourir. À force de les observer et partager leurs nuits, leurs journées, j'ai compris que les félins possèdent une sorte de magie qui les rend aptes à vivre heureux, même chez les plus pouilleux d'entre eux. Ils sont de grands philosophes ne pensant qu'à une chose : leur bien-être. Et j'ai la chance incroyable de les avoir eus comme professeurs uniques durant onze années. Ils aiment la liberté au-delà de tout le reste. Ils m'ont appris ce que ce mot voulait dire dans ma prison aux cinq barreaux. Ils ont dégagé autour de moi des milliards de vibrations positives. Je désire que le bonheur des apprenants soit complet.

Je sais que ces merveilleux animaux vont aider les humains à être heureux à Candide. Pour l'avoir vécu de nombreuses années dans la cave où ma mère m'enfermait, je sais que les bêtes contribuent à un monde plus juste, en utilisant la puissance de la bienveillance et de la non-violence : voilà un remède efficace pour les enfants ou adolescents timides ou agressifs à force de « non-reconnaissance ».

Mon rêve est d'aider les élèves à regarder au loin et à se projeter dans un futur en paix, grâce aux animaux et à la Nature, avec lesquels nous devons vivre en bonne intelligence. Les sanctuaires, les réserves et les refuges sont un mal nécessaire. Dans l'idéal, ces endroits ne devraient pas exister, les animaux devant pouvoir vivre sans aucune protection humaine. Dans l'état actuel de l'humanité, où l'homme a déjà fait disparaître tant d'espèces animales, ces territoires sont indispensables et nous prouvent que cette société multi-espèces à laquelle nous aspirons n'est pas une utopie. Ces lieux ouvrent d'ores et déjà une autre voie et incarnent des havres de paix où les animaux sont accueillis, soignés, protégés et surtout respectés pour ce qu'ils sont : des êtres sensibles. Faisons en sorte que le bonheur se propage ensemble. Pourquoi faire un autre choix ?

Brioche pour tous

Ainsi, dès la première rentrée scolaire de septembre 2013, Brioche, dont le nom est choisi par les élèves, vient vivre à Candide. Merveilleuse petite chatte grise et blanche, trouvée et offerte par un de nos petits « candidiens », qui m'aide à expérimenter mes balbutiements au sein de la pédagogie que j'ai fondée. Arrivée encore bébé, elle s'acclimate formidablement dans notre établissement. Je craignais que trop d'enfants la fassent fuir. Au contraire, son caractère doux s'impose sur les bureaux des élèves et c'est elle qui me montre comment procéder avec eux : je leur apprends tout ce dont un chat a besoin — calme, affection, jeux, soins et nourriture. Toujours est-il que je découvre avec Brioche comment m'y prendre pour qu'elle soit heureuse parmi tous les élèves et que ce bonheur soit réciproque. Cette expérience fondatrice est si positive qu'en septembre 2018, nous totalisons quinze félins ravis et enchantés de vivre auprès de nous !

Tous nos animaux sont très doux. Ils n'essaient jamais de griffer qui que ce soit. Les élèves peuvent les caresser et jouer avec eux. Comme tous chats qui se respectent, les nôtres détesteraient qu'on les manipule en tous sens. Nos jeunes étudiants sont parfaitement au courant de l'attention et de la délicatesse dues à nos félins. Nos petits tigres sont des âmes merveilleuses. Aucun n'a été choisi pour sa race, ils sont venus d'eux-mêmes à Candide ou nous ont été donnés. Certains sont nés à l'école. Nous adorons nos pensionnaires, et que leur pelage soit court ou long, que leur robe soit colorée ou pas, ils sont aimés et soignés par tout le monde. Il s'agit d'un point extrêmement important dans cette pédagogie : il faut apprendre aux élèves à vivre avec un chat afin de ne jamais le rendre malheureux. D'ailleurs, afin d'accueillir les félins dans les meilleures conditions, nous sommes trois membres de l'équipe à être titulaires du CCAD[12], option chat.

Aussi incroyable que cela puisse paraître pour les sceptiques, les chats épaulent les plus anxieux en s'installant directement sur leur table et en ronronnant. Certes, c'est surtout grâce à la pédagogie Candide que nous les aidons à reprendre confiance en eux, mais nos félins jouent un rôle essentiel pour y parvenir. Par exemple, lorsque des élèves nous confient en arrivant qu'ils se sentent complètement nuls, les chats leur apportent tant d'affection qu'ils sont pressés de venir en classe pour travailler avec eux. La progression se fait alors presque par magie. Puisqu'un chat est capable de les rassurer, de les aimer autant, de les détendre, petits comme adolescents récupèrent leur estime de soi. Ils ne se croient plus inférieurs aux autres et sont extrêmement fiers de leurs pas de géants. Nous aussi. Les chats sans doute également.

En les introduisant à Candide en 2013 pour que les élèves se sentent aussi bien qu'à la maison, je n'imaginais pas à quel point ils allaient les soutenir, comme ils l'avaient fait pour moi enfant.

Ce sont des soignants pour quiconque en a besoin.

---

12. CCAD : Certificat de capacité des animaux de compagnie d'espèces domestiques.

Corpuscules de Paccini

La ronronthérapie consiste à s'entourer de chats pour se détendre. C'est une prise de conscience merveilleuse, un domaine si complexe qu'il trouve peu d'appuis dans la littérature scientifique. On commence toutefois à étudier le phénomène et des publications sérieuses apparaissent de plus en plus.

Pour expliquer la ronronthérapie, je laisse la parole à Bernard Werber, écrivain talentueux qui a su en donner une définition simple dans son livre *Sa majesté des chats*[13] :

> La ronronthérapie a été inventée par le vétérinaire toulousain Jean-Yves Gauchet en 2002. Il s'est aperçu que les vibrations des chats sur des basses fréquences de 20 à 50 hertz ont non seulement un effet apaisant, mais accélèrent aussi la réparation des os brisés (les os se ressoudent trois fois plus vite dans ces circonstances), des muscles déchirés, et hâtent de manière significative la cicatrisation.
>
> Il a aussi découvert que le ronronnement des chats induit chez l'homme la production de sérotonine, une hormone qui agit sur la qualité du sommeil et sur l'humeur. C'est pour cela que nous l'appelons couramment « l'hormone du bonheur ».
>
> Le ronronnement absorbe toutes nos énergies négatives et nous permet d'être de meilleure humeur. Il entraîne la production d'endorphines cérébrales euphorisantes (via les récepteurs appelés « corpuscules de Paccini » que nous possédons tous sur les paumes de nos mains), mais agit aussi directement sur nos gènes par une action électromagnétique, notamment en influant sur ceux du cortisol, notre antidouleur naturel, en augmentant la production de cellules souches régénérant les tissus. Le ronronnement des chats réduit la

13. Roman paru aux éditions Albin Michel en 2019.

fatigue ou permet de mieux récupérer après un voyage en avion. Selon ce formidable chercheur, les chats repèrent quand nous n'allons pas bien grâce à nos phéromones et ils ont spontanément envie de nous apporter du réconfort. Les amoureux des félins qui me lisent savent depuis longtemps que le chat vient vers eux instinctivement lorsqu'ils ne sont pas bien dans leurs baskets. Car le chat a ce pouvoir de détecter le mal-être physique ou psychologique. Depuis quelques années déjà, certains kinésithérapeutes utilisent la ronronthérapie pour soigner les tendinites, les douleurs vertébrales et accélérer la cicatrisation osseuse. Les maisons de retraite mettent en place de plus en plus souvent des programmes de ronronthérapie. Selon Jean-Yves Gauchet, cette onde particulière produite par le larynx des chats permet aux personnes âgées qui commencent à avoir des problèmes mentaux de mieux se recentrer et d'organiser leur pensée.

Je me permets une précision : bien qu'on l'appelle « ronronthérapie », cela ne se base pas uniquement sur le ronronnement. D'ailleurs, certains chats ne ronronnent que peu ou pas du tout. Pourtant, ce félin possède d'immenses pouvoirs qui vont bien plus loin que ce doux bruit. Pour développer cette évidence, quoi de mieux que de vous raconter quelques expériences vécues à Candide ?

Dans les yeux de Brioche

À présent, ces atouts commencent à être connus du grand public. À Candide, je me suis donné la chance de les observer de près et d'en profiter pleinement au sein de toutes les situations dans notre belle école.

Le premier cadeau du chat est d'apprendre à nos élèves à lâcher prise. Le félin sollicite nos sens et, en sa présence, nous réintégrons le présent. C'est le premier pas vers le « lâcher prise ». Par exemple, nous accueillons en 6e Christophe, un élève très en retard et renfermé sur lui-même : il n'accepte pas le contact physique et reste isolé dans son coin lors des récréations. Cet enfant se sent « nul », « bête » et craint toujours de rendre un devoir, de peur d'être blâmé pour son incapacité à être « comme les autres », dira-t-il plus tard. Brioche le sent immédiatement. Elle ne cesse de s'installer sur le bureau de Christophe qui, au début, la rejette. Oui, mais un chat, c'est têtu ! Nous lui expliquons la grande responsabilité que nous avons face à un animal. Nous lui apprenons à lire dans les yeux de Brioche. Petit à petit, notre élève restaure sa confiance. Non seulement, il progresse au-delà de nos espérances, mais il sait à présent décoder l'affection que la chatte lui porte et est heureux de la retrouver après un week-end ou des vacances. C'est un bonheur immense, quelque chose de très gratifiant. Dès qu'il arrive en classe, il pose son blouson à même le sol pour que Brioche s'y installe et elle ne trahit jamais sa belle attente.

Il nous aura fallu cinq années pour que cet enfant qui se dévalorisait, tant physiquement avec ses lunettes aux verres épais que psychologiquement, car enfermé dans son univers, s'ouvre au monde. Brioche ne le juge pas, ne se moque pas de son apparence, de ses vêtements, de son caractère difficile. Aux yeux de Christophe, la fidélité de la chatte illustre son amour inconditionnel et l'adolescent le lui rend bien par ses câlins et ses soins quotidiens.

Dans ces cas-là, le félidé nous permet de rester ancrés, car il doit passer au premier plan. Il a besoin de soins, d'attention et d'affection. Tout cela nous fait découvrir naturellement que l'on est utile à ce petit être vivant et qu'il nous remercie par sa tendresse, qui peut être un véritable levier pour la confiance et l'estime de soi.

Aujourd'hui, Christophe est en terminale et prépare un baccalauréat technologique. Il réalise son rêve professionnel. Son sourire est beau, large, resplendissant.

Claudine et les Aristochats

S'occuper d'un chat, c'est aussi prendre du recul sur ce qui ne va pas dans notre vie. Claudine, en classe de 5e, souffre pour deux raisons : son papa a déménagé très loin et sa cousine préférée est en train de s'éteindre à cause d'une longue maladie. Elle nous raconte combien Duchesse et O'Malley l'empêchent de se torturer avec des pensées qui reviennent en boucle, car ils veulent qu'elle s'occupe d'eux. Ainsi, elle caresse un ou deux félins, leur parle, leur confie son chagrin, puis se concentre sur ses cours et devoirs. Son travail est toujours égal à lui-même et ses bons résultats ne faiblissent pas. Lorsqu'elle arrive le matin parfois emplie de tristesse, le couple le sent et vient la replacer dans son rôle d'élève, car qu'y a-t-il de plus exigeant qu'un chat lorsqu'il a décidé de vous « coller », de ronronner et de réclamer caresses et attention ?

Combien d'élèves sont arrivés à Candide détruits par le système classique ? Je ne saurais le dire… Beaucoup, en tous cas. « Je suis bête », disent-ils d'eux-mêmes, non par la faute des enseignants — quoique cela arrive, car personne n'est parfait —, mais en raison du trop grand nombre d'élèves dans les classes, ce qui fait que les professeurs ont parfois des difficultés à parler d'un enfant tant celui-ci est discret — je suis bien placée pour le savoir. Dans le public, on ne peut pas s'occuper de ceux qui ne posent pas de problèmes de discipline. Sur une heure de cours, la moitié est réservée à notre fonction de gendarme.

J'ai grandi avec l'idée que si, enfant, j'avais réussi à être plus « gentille », si j'avais mieux travaillé à l'école malgré les conditions inacceptables pour pouvoir suivre et faire mes devoirs, ma mère aurait cessé de me martyriser.

Il est essentiel de sortir de cette phase, parce qu'elle nourrit des comportements autodestructeurs. Celui qui est convaincu que s'il avait fait ceci ou cela, la situation se serait améliorée, est emprisonné dans son propre jugement. La réalité est que s'il avait pu (ou su) faire autrement, il l'aurait fait. Le blâme de soi-même est l'un des plus puissants destructeurs de l'estime et de l'amour de soi.

Ainsi, des enfants arrivent certains qu'ils ne se révéleront pas à la hauteur. Notre devoir est de combler leurs lacunes. En cas de coups de blues, malgré nos efforts et notre bienveillance, nos chats sont toujours là. La gratitude et l'affection sont deux données importantes du développement personnel et nos boules de poils ont cette capacité à aider nos élèves au-delà de toutes nos espérances. Le chat ne juge jamais nos jeunes en difficultés temporaires, comme ces petits jumeaux en CP, Jérôme et Nathan, qui évoluent de jour en jour, bien qu'arrivés avec de grosses difficultés d'apprentissage.

Chat infirmier, chats couteaux suisses

À Candide, aussi incroyable que cela puisse paraître, nous avons aussi notre infirmier... Il a quatre pattes, il est tigré et s'appelle Donald. En effet, dès qu'un élève s'allonge à l'infirmerie, le temps que l'on prévienne ses parents, Donald arrive et se love contre notre petit malade. Il ne se trouve jamais sur le lit lorsque celui-ci est vide. Donald surgit d'on ne sait où, comme par miracle, des tréfonds de l'établissement ou de la cour. Comment sait-il que le lit est occupé depuis moins de cinq minutes ? Il nous a systématiquement prouvé ses capacités à rebooster la forme de nos élèves souffrants. En effet, l'enfant, heureux de voir Donald débarquer en courant et sauter sur lui, le caresse immédiatement. Il déstresse vite grâce aux vertus apaisantes des ronronnements. Notre infirmier à poils libère les endorphines de l'élève au point que celui-ci rejoint très souvent sa classe à sa propre demande, sans se laisser emmener par ses parents que nous avons finalement appelés... pour rien. L'expérience nous apprend petit à petit qu'avant de téléphoner à la famille, nous devons attendre une trentaine de minutes, tant Donald joue son rôle de soigneur à merveille. C'est Julien, en 3e qui un jour nous raconte :

— Donald, quand il ronronne contre ma tête sur le lit, il joue une sorte de musique. C'est incroyable ce que ça calme !

Chaque matin, les enfant arrivent dans la cour et jouent ensemble pendant que nous, les adultes, rions de notre soirée de la veille. Les surveillants sont dehors avec les élèves, qui n'ont pas le droit d'entrer avant l'heure du premier cours ou devoir, soit 9 h. Nous sommes donc six ou sept enseignants dans cette grande salle polyvalente où nous partageons café, thé ou infusion dans une joyeuse ambiance générale. En fait, nous ne sommes pas seuls. Au moins une dizaines de chats se couchent devant la porte par laquelle vont entrer les élèves dès la sonnerie. Les félins les attendent pour jouer, leur dire « bonjour », se faire caresser, monter avec Martine ou Mehdi dans leur classe. Ce spectacle ne cessera jamais de m'étonner. En effet, ils n'ont pas peur des piétinements, car ils savent que nos candidiens les aiment et font attention à eux.

Tous ces félins évoluent paisiblement au sein de chaque classe et partagent leur temps entre siestes (de préférence sur un bureau d'écolier !), jeux, courses effrénées dans la salle polyvalente ou la cour, et câlins prodigués par tous les membres du personnel et soixante-quinze élèves !

Quant à nos petits d'hommes dys[14], dont les troubles d'apprentissage les complexent, ils se sentent vite valorisés. En effet, ce sont eux qui amusent le plus les copains de la classe et deviennent fiers d'être le centre d'attraction lorsqu'un chat a décidé de les

14. Dys : dyslexique, dyscalculique, dysphasique, dysorthographique, dyspraxique, etc. Ce sont des troubles de l'apprentissage.

aider sur l'ordinateur. Par exemple, Princesse, une petite chatte blanche, s'empare du clavier et répond elle-même n'importe quoi aux questions du devoir que doit réaliser le jeune Simon en 4e. Elle retourne l'écran, proteste si Simon la pose à terre et remonte aussitôt sur le bureau. Bien sûr, sous les rires de la classe, nous aidons le jeune garçon, qui est de toute façon très heureux d'avoir cette compagnie. Quand nous lui demandons d'imprimer son devoir et que Popeye saute sur l'imprimante pour aider le papier à sortir à coups de griffes implacables, comment ne pas rire ?

Il arrive tous les jours que, dans les salles du rez-de-chaussée, notamment Simba et Crousty jouent au Petit Poucet avec leurs croquettes, amusant au passage les enfants de primaire. Pendant ce temps, au premier étage, Mickey décide de distraire tous les élèves avec le jouet qu'il a monté entre ses dents ou de pousser la plante, celle-là précisément et pas une autre, qui n'a rien à faire dans le coin de cette classe, selon lui.

Charlène en 4e travaille sur ordinateur, car elle est dyslexique. Et je la félicite souvent pour les progrès réalisés au niveau de la frappe sur le clavier, de la mise en page et pour son talent extraordinaire. De quel talent je parle ? De celui qu'elle développe malgré tous les efforts de Nala, une merveilleuse chatte noire qui n'en fait qu'à sa tête en la suivant, et squatte son clavier, afin de gérer la musique ou les images et non les devoirs. Ainsi, Charlène doit apprendre à réparer pratiquement seule tout ce que Nala tente de bouleverser sur son ordinateur. C'est comme cela qu'elle trouve un nombre d'astuces impressionnant pour la mise en page de ses devoirs.

Ce qui amuse le plus les élèves, c'est lorsque l'un d'entre eux se dit qu'il en a assez et pose le chat à terre… et que celui-ci remonte aussitôt, parce qu'un chat décidé… est un chat décidé ! Il arrive ainsi que l'enseignant sorte le chat de sa classe et ferme très temporairement la porte si la poursuite du cours n'est plus possible.

Choix félins

Ce qui se passe à Candide est assez étonnant : alors que la plupart des matous se signalent par leur indépendance, ce n'est pas le cas dans l'école. Cependant, il arrive que l'un de nos quinze tigres miniatures fasse une escapade, puisqu'ils sont entièrement libres. Malgré le fait qu'ils peuvent entrer et sortir à leur gré, elle ne dure jamais plus d'une journée. Chaque fugueur revient vite en réclamant aussitôt des caresses, son moteur à ronrons en marche… comme il convient à un chat qui veut nous assurer qu'il nous a en haute estime et apprécie sa place parmi nous.

Tous se révèlent d'une immense fidélité, parfois auprès de personnes en particulier, comme avec Jeanne, par exemple. Cette petite fille arrive à Candide en février de son année de CE1. Elle ne sait pas lire et nous l'acceptons néanmoins dans ce niveau, mais en y intégrant un programme spécial de fin de CP pour qu'elle rattrape avec Céline une partie de ses lacunes. Et vous n'imaginez pas comme Jeanne apprend vite à lire couramment avec l'intonation et les liaisons, grâce à sa volonté, mais aussi à Olive, toujours fidèle pour l'encourager. Elle réussit à passer en CE2 à la fin de l'année scolaire, soit quatre mois plus tard.

Daisy adore calmer les enfants du CP. Lorsque Marc a peur de ne pas réussir un exercice, elle le sait et vient l'aider : elle s'installe sur ses genoux, ronronne, le remercie des caresses prodiguées en posant sa petite patte blanche et grise sur sa main. Marc reprend alors confiance et parvient à réaliser le travail demandé.

L'année suivante, nous accueillons en 6e une petite Bénédicte de douze ans, très en retard sur le plan scolaire. Un jour, elle se met à pleurer, pensant qu'elle est « débile » et que jamais elle ne parviendra à récupérer un niveau à peu près égal à celui de ses camarades de classe. Elle est inconsolable.

Céline et moi la prenons à part durant la récréation et lui affirmons la confiance que nous avons en elle et en ses capacités. Pendant ce temps, insidieusement, Miracle va se coucher sur son bureau. Après une pause bien méritée, légèrement rassurée, l'élève retourne s'asseoir à sa place. Gênée par la chatte roulée en boule sur son cahier, Bénédicte la caresse doucement pendant qu'elle sommeille. Miracle émerge en poussant un trille plein d'amour et de confiance, typique des chats à l'adresse de ceux qu'ils aiment. C'est ainsi que les mamans appellent leurs chatons et que ces derniers les accueillent. Bénédicte en est bouleversée, car honteusement trahie par les humains, elle ne peut plus s'y fier aveuglément. C'est Miracle qui lui apprend à enfin croire en elle. Cette enfant passe ensuite normalement en 5e, grâce à sa compagne à quatre pattes à laquelle elle raconte tout.

Lorsque Alain, notre merveilleux CPE[15], passionné lui aussi par les félins, fait écouter de la musique à une classe afin d'éduquer l'oreille

15. CPE : Conseiller principal d'éducation.

des élèves, il est certain que Mickey va arriver en courant. Oui, le plaisir d'écouter de la musique est agréable chez l'humain, comme chez le chat. On peut ainsi compenser la peur-adrénaline par l'art-endorphine. Attention toutefois, si c'est moi qui commence à gratter sur une guitare « à peu près » accordée, mes chats baissent les oreilles, émettent un miaulement protestataire et filent dans le jardin. En revanche, lorsque je chante, ils se couchent et écoutent… ou s'endorment.

En classe de 3e, nous avons François, un élève « grand précoce » âgé seulement de douze ans. Il commence à paniquer à l'idée d'intégrer le lycée et sa confiance en lui vacille. Miracle et Paillette, deux femelles, se chargent de le suivre pendant quelques semaines, afin de l'apaiser, le rendre serein, le réconforter grâce aux ronrons.

François obtient son brevet avec mention Très bien et passe en terminale scientifique à la rentrée de septembre 2020. Il n'aura que quinze ans lorsqu'il décrochera son bac. Le couple de chattes et nos discussions avec ce jeune prodige l'ont aidé à accepter ses capacités exceptionnelles et à franchir ces étapes plus ou moins angoissantes.

Après plusieurs tentatives pour retirer Olive du bureau de Fred en 6e, nous décidons de la laisser et de l'observer pour nous détendre. Elle lève son regard vers le jeune garçon, le gratifie d'un somptueux bâillement et d'un coup de langue sur les moustaches. Elle entame maintenant une minutieuse toilette, consciente des soins qu'elle doit à son élégante fourrure, depuis les coussinets jusqu'au haut des cuisses, à grands coups de langue, dont l'amplitude ne cesse de surprendre. La voilà qui se gratte le cou avec la patte arrière et, apparemment, c'est délicieux, car elle penche la tête en fermant les yeux de bonheur, à la fois par commodité technique et pour mieux savourer cet instant de plaisir. Elle remercie ensuite cette patte de quelques coups de langue et je demande à mes élèves de remarquer comme les mouvements de sa tête et de son cou sont beaux à voir, avec les oreilles pointées en avant et l'encolure qui décrit de souples ondulations. Enfin, elle éternue, ce qui vaut un grand rire dans la classe, se redonne un petit coup sur le museau et les moustaches, puis, enroulant sa queue autour de ses petits pieds, s'assied dans une attitude de profonde méditation… sur le livre de français bien ouvert !

Succès félins

Tous les parents et journalistes sont surpris de constater lors de leurs visites dans notre établissement qu'il y règne un grand silence. Je leur explique :

— C'est normal : le chat est particulièrement sensible aux bruits et aux mouvements brusques, et a tendance à fuir les enfants trop vifs. Il leur apprend à mieux se contrôler et permet d'apaiser et de canaliser les tempéraments les plus fougueux.

Ainsi, dans chaque classe, un enfant au minimum entretient une relation privilégiée avec un ou plusieurs chats. Que dire de Salomé en CM2, qui appelle fréquemment Pomponnette pour la brosser, tout en écoutant le cours et en y participant ?

Pour les timides comme Jonathan, Paillette est une source de fierté et d'assurance. Elle lui apporte le soleil dans le coin sombre de son cerveau apeuré. Ce petit, pourtant si peu sûr de lui en arrivant à Candide, passe allègrement en 6e en rattrapant deux années en une seule !

Certains enfants, surtout en primaire, nous demandent de s'occuper par instants de la troupe féline, ce que nous acceptons volontiers. En effet, remplir la gamelle d'eau ou de croquettes, verser la quantité adaptée, puis la reposer sans la renverser requiert un geste régulé et sollicite la coordination.

Avec le brossage, nous sommes aussi dans la praxie (mouvement intentionnel), et l'enfant doit, en plus, se contrôler pour ne pas faire mal au chat.

Ces pratiques quotidiennes sont très importantes pour développer l'assurance et l'autonomie.

Solidarité au cœur

Si l'on sait depuis longtemps qu'en ronronnant le chat nous apaise, nous détend et fait même baisser notre tension artérielle, je ne m'attendais pas à ce que nos élèves développent une solidarité entre eux que je n'ai jamais, absolument jamais, vécue dans aucun autre établissement.

En voici un exemple : lors d'un cours de sciences, deux garçons de 3e se disputent et se promettent de régler leurs comptes à la récréation. En sortant de la classe, ils passent près d'un panier dans la salle polyvalente où dort Popeye dans les bras de son Olive préférée. Ils s'arrêtent et les caressent. Les félins se mettent à ronronner de plaisir et de quiétude. Les élèves se regardent et rient ensemble, éliminant ainsi leur promesse d'en découdre. Ils nous le racontent eux-mêmes, tant ils nous font confiance — et je me permets d'ajouter « à juste titre ».

Non seulement la solidarité est immense entre les élèves d'une même classe, mais aussi de classes différentes. Par exemple, nous avons Mickaël, un petit anglophone qui arrive directement des Cornouailles et Léo, un élève de 4e qui rentre des États-Unis totalement bilingue, mais qui écrit mal le français, car il fréquentait une école américaine. Donc, pour aider mon petit de sept ans et mon ado de quatorze ans, je fais descendre ce dernier lorsqu'il est en cours (inutile) d'anglais et lui demande de m'aider à traduire dans la langue de Shakespeare les règles de grammaire à mon petit CE1. Chacun apprend de l'autre. Léo apprend ainsi les règles de la grammaire française puisqu'il les traduit et aide Mickaël à les comprendre. Ils sont heureux tous les deux. Et comme il y a toujours dans ces moments d'apprentissage mutuel un matou à caresser, je les surprends souvent à échanger en anglais et en français sur leur bonheur d'avoir cette chance. Mickaël s'exprime en anglais et Léo lui explique comment traduire. La leçon dépasse donc la grammaire, en s'étendant au vocabulaire et à la syntaxe de notre belle langue, mais aussi à l'amitié.

Lorsque l'un de nos candidiens a besoin de quelque chose — une gomme, une règle, un crayon, n'importe quoi —, il est certain que dix enfants vont lui proposer de lui prêter ce qui lui manque. Quant à notre jeune François en 3e, ayant toujours terminé son travail avant les autres, il offre sa collaboration systématique au professeur, quelle que soit la discipline enseignée par ce dernier. Je sais que c'est la compréhension des enseignants, leur bienveillance et la présence des chats qui apportent une telle spontanéité d'entraide à Candide.

La solidarité n'est pourtant pas naturelle chez ceux arrivant de l'enseignement public avec des classes surchargées où règne la violence. Chez nous, un élève qui a besoin d'aide peut s'adresser à l'enseignant, mais aussi à un camarade, et les enfants se soutiennent spontanément, sans qu'on le leur demande. En effet, chacun peut devenir tuteur d'un autre et découvrir la joie de l'épauler. Cette coopération exceptionnelle à laquelle je ne m'attendais pas émane de cette pédagogie innovante liée à la ronronthérapie. C'est certain.

Ainsi chaque jour, je contemple la joie des élèves. J'entends les petits comme les plus grands regretter que les vacances arrivent ! Je n'en reviens pas. Je n'ai pas oublié mes journées d'école qui n'en finissaient pas, l'impression d'être en prison dans les classes où l'on ne dispensait rien qui semblât d'une quelconque utilité pour la gamine sauvage que j'étais. Dans le matin tout neuf, je suis emplie de joie pour mes élèves. Ils sont heureux. Tout le monde est heureux. Qu'ajouter d'autre ?

Chats bien trempés

Nala, Duchesse, Olive, Popeye, Paillette, Crousty, Donald, Mickey, Simba, O'Malley, Princesse, Pomponnette, Brioche, Bouddha et Miracle nous aident aussi, nous, enseignants et surveillants, à rester paisibles et souriants. Il n'y a rien d'étonnant à ce que des hôpitaux français, anglo-saxons, japonais... recourent régulièrement à la présence de chats dans les services pédiatriques et gériatriques. Le ronronnement et l'amour des félidés nous apportent tant de bienfaits qu'ils sont impossibles à énumérer. Les scientifiques en découvrent régulièrement de nouveaux.

Cette expérience de lier la pédagogie à la ronronthérapie me donne à réfléchir sur les différents types d'intelligence chez le chat. Je n'apprends rien aux amoureux des félins en leur disant que ces animaux ont tous du caractère, avec une personnalité bien trempée et unique.

Ainsi, Mickey a plutôt l'âme d'un scientifique, curieux de tout, des affaires humaines, de ceux qui vivent dans l'école, des journalistes qui nous rendent visite et, plus particulièrement, des gadgets scolaires. Les magnétophones des cours de langue, les écrans des télévisions dans les classes, tout le fascine. Je le vois encore se demandant comment une voix humaine peut bien sortir de cette boîte. Il nous regarde alors, enseignants et élèves, et exprime ses interrogations en miaulant, ce qui nous amuse. Il aime aussi passer derrière l'écran de l'ordinateur pour voir si quelque chose correspond à ce qu'il entend, ou pour vérifier si la suite de l'image ne se cacherait pas derrière. Il renifle les haut-parleurs de l'ordinateur, les palpe et miaule : « Qu'est-ce que c'est ? » Il faut préciser qu'il s'exprime beaucoup : il miaule en descendant des classes du premier étage, en sortant dans la cour, en rentrant par la chatière...

— Voilà, c'est moi ! semble-t-il clamer haut et fort. Je suis revenu.

C'est moi, votre Mickey adoré et je suis sûr que je vous ai manqué.

Il surgit alors à l'entrée de la salle d'Alain, notre CPE, à qui il voue une affection particulière. Mickey se pose dans l'embrasure, la tête légèrement penchée, attendant qu'Alain et les élèves manifestent leur admiration.

— Ne suis-je pas le plus beau chat de cette école ? semble-t-il demander, le corps vibrant de la tête au bout de la queue.

Le charme même, voilà comment décrire Mickey.

Quant à Bouddha, il dispose d'une intelligence intuitive : il sait toujours ce que vous pensez et ce que vous allez faire. Il ne semble guère intéressé par les sciences. Il ne cherche pas à nous impressionner par ses postures. Il ne « parle » que lorsqu'il a quelque chose à dire et seulement quand il se trouve en tête-à-tête avec un élève.

— Ah, enfin ! semble-t-il s'exclamer quand les autres chats sont ailleurs que dans la classe. Nous voilà enfin seuls tous les deux !

Débute alors un duo de mutuelle admiration sur le bureau de l'élève.

Le matin, Damien, notre homme à tout faire, arrive à Candide le premier, vers 7 h 30. Nos félins accourent toujours du fin fond de la cour et semblent reprocher :

— Ah, comme tu nous as manqué ! Comment peux-tu partir si longtemps en nous laissant seuls ?

Je précise que le terme « si longtemps » ne dure qu'une nuit, car même les week-ends, Damien vient chaque matin les nourrir et jouer avec eux, il les adore. Les chats sautent alors dans ses bras, lui lèchent le visage et, incapables de contenir leur joie, tels des chatons exubérants, se livrent à une course effrénée à travers la cour puis la grande salle polyvalente... avant de reprendre leur attitude grave et digne.

À chaque jour de vacances scolaires, au moins un des treize

adultes de l'établissement visite les félins, pour leur donner soins et affection.

Parmi les chats passés et présents à Candide, Olive a une personnalité hors du commun, elle aussi. C'est une belle « écaille de tortue » au poil dense avec de jolis pieds blancs, afin d'équilibrer sa pétillante frimousse. Elle a une tête petite mais bien dessinée. Ses oreilles plutôt larges sont grises. Des rayures de poils roux descendent entre ses yeux couleur d'ambre et ornent chaque côté de son délicat menton, donnant à son museau blanc un cadre comparable à une carapace de forme régulière. Quand elle ouvre sa gueule, on aperçoit comme un éclair de corail rose. Sa dentition est blanche et solide. Son ventre est d'un blanc immaculé. Lorsqu'elle s'allonge sur un bureau d'écolier, certains élèves ont l'autorisation, accordée par elle, parfois accompagnée de vifs encouragements, de la caresser doucement à cet endroit. Olive est d'un petit gabarit, mais merveilleusement proportionnée. Tous ses mouvements sont gracieux. Elle aime se tenir sur son séant, ses pieds bien ramassés et sa longue queue si joliment fournie enroulée autour d'eux. Pour dormir, de préférence sur le bureau d'un écolier, sa position favorite est accroupie, les deux hanches saillantes et la tête reposant sur ses pattes de devant, qu'elle transforme en oreiller en les tournant vers son cœur. Parfois, elle préfère se coucher sur le flanc, les pattes langoureusement allongées dans toutes les directions sur le bureau pendant que je tente de faire cours en gardant mon sérieux. Les élèves complices restent attentifs à mes explications tout en riant franchement des attitudes d'Olive. Cette chatte ne fait aucune distinction entre les êtres humains. Elle nous aime tous. Toute la journée, elle change de salle pour prodiguer son amour à tous les enseignants et, de ce fait, à tous les élèves.

Parmi ses variétés d'attitudes, j'ai appris à distinguer celles qui expriment la méditation, le bonheur ou la fierté, l'indignation majestueuse avec coup de fouet de la queue, l'interrogation quand, par exemple, elle veut savoir d'où vient cette voix qui sort des haut-parleurs durant un documentaire diffusé aux élèves. Et enfin le « s'il-te-plaît, laisse-moi tranquille ». Cette dernière attitude est marquée généralement par une volte-face hautaine de la tête ; si j'insiste un peu, Olive me tourne carrément le dos sur le bureau. Si cela n'a toujours pas l'effet escompté, elle sort de la classe telle une douairière offensée.

Une journée sans rire est une journée perdue

Et c'est chaque jour, dans toutes les classes ou presque, que des fous rires se déclenchent, causés par les facéties hilarantes des chats, de leurs postures à faire pâlir les plus grands adeptes de yoga, leurs disputes et leurs mimiques improbables, leurs innombrables jeux. Quand les chats se mettent à courir dans tous les sens pour évacuer leur trop-plein d'énergie, ils sont tout simplement irrésistibles. Il suffit à nos élèves de jouer avec eux, de les regarder s'amuser ou même dormir pour se sentir bien. Sans conteste, ces câlins ou ces parties de rigolades aident à déstresser, à réduire la pression et à se concentrer sur les cours ou les devoirs, même avec un chat dormant sur le bureau. La détente par le rire étant largement profitable aux études studieuses, il n'est pas étonnant que la majorité de nos élèves progressent rapidement.

Et pendant les devoirs où ils travaillent en silence, le chat donne raison à Jules Renard lorsqu'il dit : « L'idéal du calme est dans un chat assis. »

Chères lectrices et lecteurs, vous m'entendez souvent parler de « rires ». C'est parce qu'il est indispensable d'être détendu pour bien apprendre. Notre cerveau a sa propre production de sérotonine (hormone de la bonne humeur), d'endorphine (une sorte de morphine naturelle) et d'ocytocine (hormone de l'attachement et de la sécurité intérieure). Le rire stimule ces productions. Et qu'y a-t-il de plus drôle qu'un chat ?

J'ai décidé de mettre en pratique le fait que « nous avons le devoir d'être heureux ». Avec les élèves et les adultes, il suffit parfois d'un sourire pour enjoliver un moment anodin ou stressant, même plusieurs minutes après l'avoir offert ou reçu. Les sourires sincères sont contagieux. Rayonnant, discret, forcé, pincé ou énigmatique, le sourire est un langage à part entière. Ce simple mouvement des lèvres parle de notre relation à l'autre, de notre mode de communication et de notre regard sur le monde extérieur. Et des sourires larges et francs, nous nous en distribuons à longueur de journée à Candide entre élèves, entre élèves et adultes, et entre adultes.

Quant à moi, tel un chat qui se roule les quatre pattes en l'air quand il est heureux, ce que les codes sociaux m'empêchent bien naturellement d'imiter, je jubile et suis folle de joie lorsque, chaque jour, au moins un élève me dit qu'il est tellement heureux d'apprendre à Candide. C'est un bonheur auquel je ne m'attendais pas à ce point. Les plus jeunes me serrent dans leurs bras à la récréation, les collégiens me font souvent la bise quand ils arrivent et, élément fort curieux, car je ne l'avais jamais vécu dans un collège, les élèves nous disent « merci » à la fin d'un cours.

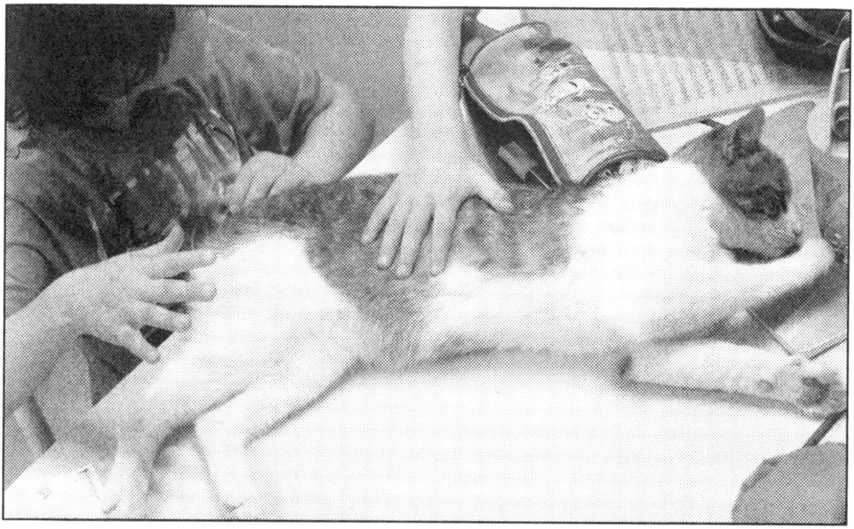

Chapitre 23

Le chat n'est pas une peluche !

Être ou ne pas être anthropomorphique

Un chat est inéducable. On peut apprendre à des singes à jouer les garde-malades. J'en ai vus à la télévision, c'est fantastique ! Une petite guenon apporte sa tisane à une personne handicapée, lui allume la radio, tourne les pages de son magazine... On peut apprendre à un cheval à danser le paso-doble et à faire la révérence, à un chien à aller chercher le journal. On peut apprendre à un dauphin à faire l'acteur dans un film.

En revanche, pour ce qui est d'apprendre quoi que ce soit à un chat... Et c'est tant mieux ! Aimer n'est pas synonyme de domination. C'est le respect et l'amour qui existent entre deux espèces différentes qui nous ouvrent des horizons de communication et de bonheur. Alors, pour que nos petits candidiens apprennent à aimer et à protéger nos animaux, l'idéal, c'est l'observation.

Par exemple, avec une classe de 5e, nous observons Miracle, une chatte que l'on pourrait confondre avec une sauterelle, car elle bondit partout. Un débat s'engage. Les interprétations vont bon train. Julie pense qu'elle a besoin d'exercice, tandis que d'autres camarades estiment qu'elle est juste contente de les voir. Moi, je sais qu'elle a sa faim du matin. Elle en a plein d'autres dans la journée, mais celle-ci est la plus importante. Nous nous rendons compte alors que nous traduisons les attitudes de Miracle de façon différente en fonction de notre état d'esprit ou de nos connaissances. Je leur explique qu'il peut être facile d'attribuer aux animaux des pensées, des sentiments ou des réflexions, et que cela porte un nom : l'anthropomorphisme, c'est-à-dire prêter aux animaux des caractères propres à l'homme.

Et alors ? Est-ce dérangeant de supposer qu'un chien d'aveugle qui tire sur sa laisse pour empêcher son maître de se faire écraser par l'autobus sait ce qu'il fait ? Ou de savoir qu'un chat parcourt des centaines de kilomètres pour retrouver les siens qu'il a perdus ? Ou qu'il se laisse dépérir parce que son maître est mort ? Ou, s'il file le parfait amour avec une humaine, qu'il puisse tomber malade de jalousie quand elle le force à cohabiter avec un homme que, manifestement, elle lui préfère ? Nous nous posons des questions légitimes auxquelles nous n'avons pas toujours de réponses. Anthropomorphisme ou pas, nous convenons que nous ne pouvons pas faire autrement que d'adorer les fauves de poche qui partagent notre vie à Candide. Ils sont l'amour incarné, la beauté de l'âme à l'état pur. À chaque instant. Dans toutes les circonstances de la vie, c'est plus fort qu'eux.

Du pipi de chat

Avec quelques élèves de 3e, nous admirons Mickey dans sa caisse. Assister à une de ses séances de pipi vous plonge dans un ravissement qu'aucun film (même de Spielberg), qu'aucune musique (même de Satie) ne peut vous procurer. Il faut le voir s'approcher de sa litière pour l'inquisitionner à fond, afin d'être sûr que les petites graines qui la garnissent sont toutes bien propres, bien neuves. Il faut le voir les humer, les petites graines. Et lever une patte et puis l'autre et puis une autre encore et la dernière des quatre, pour accéder à ses toilettes. Comme il fait cela ! À croire qu'il a appris à les mouvoir avec Noureev en personne. Une fois en position, campé comme il convient, il balaie l'horizon d'un grand et beau regard... pour s'assurer que personne ne l'observe. C'est qu'il est d'une pudeur de nonne !

Le voici qui le fait, son pipi. Avec une de ces classes. Rien à voir avec un pipi de chien, d'homme ou de dame. Je peux vous certifier que même les altesses les plus royales, les Anglaises les plus britanniques, les Américaines les plus puritaines n'urinent point avec la dignité de Mickey. Rien à voir avec une vessie qui se vide. C'est une petite source qui jaillit. En un mot, c'est beau.

Après quoi, élégamment, il offre à sa petite fontaine un charmant petit coup de sa ravissante petite langue. Puis il dissimule son joli pipi en le recouvrant de graines. Méticuleusement. Aucune trace ne doit subsister. Il ne se contente pas de tirer machinalement la chasse d'eau comme le font les soi-disant civilisés. Son travail de dissimulation peut lui prendre cinq, dix, quinze minutes. Quel tintouin se donne l'adorable Mickey ! C'est de l'artisanat d'art, son enfouissage d'urine. Non content de la dissimuler entièrement, il sort de la litière et gratte le plancher alentour. Longtemps. Longtemps. À s'en user les griffes. Quand il quitte enfin le lieu d'aisance, il ne reste plus trace de son passage.

Le *Lynx pardinus*, l'un des derniers lynx s'ébattant encore dans de lointaines contrées, procède de la même façon, mais c'est pour empêcher chasseurs et autres prédateurs de le repérer. Mickey, lui, ce n'est pas la crainte du danger qui le motive. C'est son obsession de la perfection. Un orfèvre.

Somme de chatte

Avec les CE2, nous observons Duchesse et ce qu'elle nous montre est un régal lorsqu'une envie de dormir la prend. Beaucoup d'autres humains et moi-même, comment nous couchons-nous ? Eh bien... nous laissons choir notre carcasse sur le lit. Comme ça. Mais Duchesse, elle... Un somme, même de dix secondes, elle se le prépare avec un soin... Un impérieux besoin de dormir lui vient, à n'importe quelle heure de la journée. Vous croyez qu'elle va se mettre en boule sur le premier blouson d'élève venu, laissé par terre à cet usage ? Non. L'exploration de la salle de classe commence, une quête qui dure le temps qu'il faut. Quel coussin, quel panier, quel tiroir du bureau ouvert, quel clavier d'ordinateur, quel vêtement de laine ou veste va convenir ? Mademoiselle enquête. Elle chemine d'une éventuelle couche à l'autre. Allez comprendre pourquoi, elle opte pour un pull noir (qui prend bien les poils !) qu'une petite fille ravie a déposé sur sa table de travail. Elle le scrute, le renifle. Il est très attirant, ce pull ! Le sort en est jeté. Elle en prend possession. Et voilà que commence le pétrissage, de toutes ses pattes. Consciencieusement, elle piétine le vêtement. Le triture. Le pelote. Comme une cuisinière travaillant une pâte à tarte. Pressant ou pas, le besoin de dormir n'a qu'à attendre. Une préparation de couche, c'est comme une dissimulation de pipi, ce doit être parfait. Absolument parfait.

Chat maître

Les élèves comprennent vite, pour ce qui est de la mise en commun du mobilier et des objets de toute nature dans la classe, qu'il convient de respecter la règle qui veut que TOUT appartient d'abord aux chats de l'école. Que si l'un d'entre eux s'assied sur le manuel que vous êtes en train d'étudier pour réussir l'exercice, mieux vaut aller en chercher un autre exemplaire que tenter de le récupérer. Que s'il joue aux billes avec vos morceaux de gomme, il serait injuste de les lui reprendre.

Un chat étant imprévisible, il peut très bien décider qu'il va faire une petite pause sur votre téléviseur. C'est ainsi qu'avec les CM2, trois de nos petits amis laissent leur queue pendre au cours de la diffusion d'un documentaire, donnant l'impression que journalistes et animateurs s'adressent à nous depuis une cellule de prison aux barreaux poilus. Pour le plus grand amusement des enfants, je dois déloger les chats de cet endroit plein de chaleur.

Un ronflement montant du coin du bureau d'un élève détourne notre attention — les félins ronflent comme beaucoup d'animaux. En voyant Popeye dormir ainsi avec confiance, je me demande s'il est aussi difficile pour un chat que pour nous de s'adapter à un milieu radicalement différent. Je me rappellerai toujours le choc éprouvé lorsque l'on m'a placée, petite, dans le premier foyer pour une quinzaine de jours. Pas de miaulements ni de conciliabules félins ni le pépiement des oiseaux saluant le point du jour. Non. Le ululement des sirènes. Les voix assourdissantes. Les chahuts des enfants comme moi. Je prends le chat dans mes bras pour que l'élève puisse travailler et le dépose à terre. En poussant un miaulement d'indignation, le petit tigre remonte aussitôt sur la table de Martin et s'y couche à nouveau avec un regard porté sur moi qui signifie : « C'est sans appel. »

Chat mode d'emploi

Les chats, comme tous les êtres vivants, sont extrêmement sensibles et l'on ne doit jamais les maltraiter, que ce soit psychologiquement, en les repoussant plus ou moins consciemment, physiquement, en leur tirant la queue ou les moustaches. Ainsi, je forme les élèves à la communication entre les chats et les humains, afin qu'ils reconnaissent les signes annonciateurs d'un refus. Tous savent, par exemple, que l'on ne doit jamais réveiller brusquement un animal, qu'on doit le caresser quand il le demande ou très doucement si l'on en prend soi-même l'initiative, que l'on doit observer en permanence son regard et son attitude physique (position des oreilles ou de la queue) avant de lui demander une quelconque participation.

De même, chaque année et auprès de chaque classe, j'explique ou ré-explique que le jeu est indispensable à un chaton pour apprendre à devenir un vrai chasseur lorsqu'il sera grand. Adulte, le chat joue aussi pour se défouler. Mais il y a des règles à respecter. Certains jeux sont interdits et les plus grands de nos élèves (les 4e et les 3e) nous aident volontiers à surveiller certains objets potentiellement dangereux, bien que très ludiques pour les félins : les rallonges électriques, les sacs en plastique, les ficelles... Nous enseignons aux enfants comment identifier les signes annonciateurs d'un amusement qui dégénère. Nous leur conseillons d'utiliser des jouets pour chats, afin d'épargner leurs mains des griffures ou morsures involontaires liées à la surexcitation. Nous leur apprenons à ne pas insister quand le félin n'a plus envie de participer, car, du jeu à la prédation, il n'y a qu'un coussinet.

Grâce à l'attention de tous, nous ne savons pas ce qu'est une griffure ou une morsure à Candide, parce qu'il s'agit d'une vraie démarche que d'éduquer les élèves pour que l'accident ne survienne pas. C'est aussi pour cette raison que les chats nous aiment tant et que nos élèves formés en conséquence les aiment autant en retour.

Bien sûr, nous avons des enfants moins attirés par les félins, mais ceux-ci le sentent et ne vont que rarement vérifier si les affinités évoluent ou pas. Dans notre école, on n'est pas obligé d'aimer nos boules de poils à la folie, mais chaque élève sait que faire du mal à l'un de nos petits compagnons constitue un motif de renvoi immédiat. Ce n'est arrivé qu'une seule fois en presque sept ans. Un de nos élèves de 4e tenta en 2013 d'étouffer Brioche avec du papier absorbant pour amuser les copains. C'était pendant l'heure du déjeuner. Lorsqu'un enfant vint me le signaler, je bondis de ma chaise tel un missile intercontinental hors de son silo pour me trouver près de cet adolescent qui, malgré ses excuses, fut exclu le soir-même. C'est la preuve d'ailleurs que nous n'utilisons pas les chats pour attirer les familles à Candide, comme certaines mauvaises langues tentèrent de l'affirmer.

Un autre principe est inscrit clairement dans les fondements de la pédagogie Candide : quinze élèves par classe pour que nous puissions aider et faire progresser chacun d'entre eux. Plus d'élèves constituent un facteur rédhibitoire pour intégrer un matou et le rendre heureux.

En effet, dans des classes surchargées, il serait inévitablement maltraité à un moment ou à un autre, parce que les enseignants ne peuvent tout voir. Nous, si ! Nous n'avons que quinze élèves par classe au maximum. Les écoles privées alternatives qui m'ont demandé l'autorisation d'introduire des chats pour la ronronthérapie se sont vu essuyer un refus, car leur pédagogie inclut souvent des enfants de tous niveaux dans une même grande salle et leurs effectifs dépassent encore plus ceux des classes dans le public.

À toutes les espèces !

Nos élèves à Candide sont heureux, non seulement parce qu'ils apprennent, mais aussi parce que, grâce aux chats, ils découvrent le « savoir-être ». Nous avons réussi à sociabiliser certains enfants pour lesquels la partie était loin d'être gagnée à leur arrivée. Grâce à nos compagnons à moustaches, ils apprennent la tolérance, car il faut parfois de la patience avec nos minous ! Ils deviennent autonomes rapidement et sont plus concentrés. Lire ou écrire avec un chat sur les genoux les oblige parfois à déployer des trésors d'imagination pour réussir leur exercice tout en désirant garder l'animal avec eux.

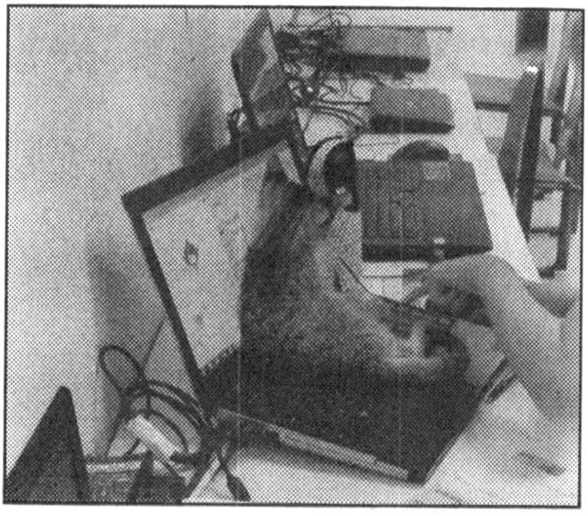

Il règne à Candide l'envie d'apprendre, la bienveillance entre les uns et les autres, le calme en séances de devoirs, et le désir de nos élèves d'étudier avec nos chats. Tous les aiment sincèrement. Je peux affirmer que nous avons « sauvé » de la phobie scolaire et des voies de garage plus de deux cents élèves. Et... nous avons même créé, sans le vouloir, des vocations pour devenir vétérinaire, assistant vétérinaire, soigneur animalier, documentariste. François, notre jeune précoce dont nous avons parlé plus haut, m'a rapporté ces derniers jours qu'il s'engageait dans une voie scientifique pour protéger la nature et les animaux, grâce aux chats de l'école.

Les enfants comprennent, à travers l'expérience exceptionnelle de Candide, qu'ils peuvent apporter autant à l'animal que ce que les félins ont à leur offrir. Par extension, ils s'ouvrent à toutes les espèces animales et nos discussions débordent du cadre strict du chat. Nous nous racontons des histoires animales extraordinaires connues ou non du grand public. Par exemple, je me souviens d'une classe de 4e qui évoque les pleurs des éléphants au Japon juste avant le tsunami de Fukushima. Certains citent les lions qui reconnaissent leur bienfaiteur dix ans plus tard. D'autres enfin, vantent les bienfaits de l'équithérapie. Tous savent qu'il est possible de communiquer entre espèces, pour peu qu'il existe un amour profond et véritable.

Hommage dans le ciel

Pour clore ce chapitre, j'ai envie de partager avec vous une expérience que je n'oublierai jamais. Pourtant, il ne s'agit pas de chats.

La plupart du temps, lorsque je ne peux aller à l'école à cause des sévices de ma mère, elle me met dehors pour la journée. C'est ainsi que je rencontre d'autres enfants maltraités et souvent déscolarisés.

Vers l'âge de dix ou onze ans, je rencontre au cours de mes pérégrinations un enfant perdu comme moi, qui appartient à une communauté de gens du voyage devenue sédentaire. Un après-midi, assis dans l'herbe grasse, je lui confie ma capacité à communiquer avec les fauves de poche. En remerciement pour la confiance que je lui accorde, il m'avoue avoir la même capacité avec les corbeaux. Je ne le crois pas. Alors, il m'offre une démonstration : Paco place ses mains en entonnoir près de ses lèvres et émet des sons étranges. C'est alors que je vois, émerveillée, plusieurs oiseaux noirs descendre vers nous. Mon compagnon m'explique que le plus gros est le chef, lequel vient se poser sur son épaule avant de s'envoler à nouveau. Ainsi, je ne suis donc pas la seule à dialoguer avec d'autres espèces !

Paco propose de m'apprendre à les appeler en échange de mes connaissances en langage félin.

Hélas, il se fait renverser par une voiture quelques jours plus tard. Je suis malheureuse.

La date de l'enterrement m'est transmise par « radio-gamins » et, heureusement, je peux m'y rendre grâce au traitement que m'a réservé ma génitrice le soir d'avant.

Au cimetière, je me cache derrière une tombe, afin de ne pas être vue. Soudain, je suis saisie par l'émotion : pendant que le cercueil descend lentement dans la terre, une dizaine de corbeaux dansent dans le ciel et le chef s'exprime dans un langage qui me restera inconnu. La famille lève la tête sans comprendre. Je suis la seule à savoir que ces oiseaux lui rendent un dernier hommage.

Chapitre 24

Candide aujourd'hui

Nuages noirs à l'horizon

Fin octobre 2018, mon père fait un premier AVC. Il est hospitalisé en urgence à l'hôpital de Cavaillon. Le médecin m'annonce qu'il entame une démence sénile. Je suis ulcérée, car je sais qu'on n'entre pas dans cet état en quinze minutes. Or, juste avant le malaise de l'Ours, il allait très bien sur tous les plans. Selon moi, le médecin qui refuse l'IRM se trompe de diagnostic.

Pendant cette épreuve, Céline sera pratiquement toujours présente par amitié, car mon handicap nécessite que je sois accompagnée en permanence. En effet, je marche mais tombe deux ou trois fois par mois lorsque mes jambes me lâchent. De plus, l'Ours l'adore et c'est réciproque.

Nous rentrons avec mon père chez moi à L'Isle-sur-la-Sorgue. Comme je suis un peu sourde, c'est Céline qui appelle notre médecin traitant, Jean-Gabriel. Ce dernier nous envoie une ordonnance pour une IRM. Céline obtient rapidement un rendez-vous pour l'examen cérébral : il a bien subi un AVC non traité, que le médecin hospitalier n'a pas même voulu envisager.

Je suis de plus en plus absente de l'école, car Jean évolue de rechute en rechute. Avant de mourir, il fera à peu près une dizaine d'AVC. C'est Céline et moi qui le menons systématiquement à l'hôpital Duffaut en Avignon, afin que les pompiers ne le déposent plus à Cavaillon. Ses AVC sont décelés correctement, mais on ne parvient pas à les prévenir. L'Ours reste toujours autonome, mais la fonction du langage est atteinte. Il cherche ses mots et Céline, en tant qu'orthophoniste l'aide. Puis, début janvier, son état se dégrade et il vient souvent me réveiller vers trois heures du matin, afin d'aller chez le médecin « qui nous attend », d'après lui. Mes nuits sont de moins en moins longues. Je suis épuisée et désespérée, car je connais l'inévitable issue, malgré les propos rassurants du corps médical qui m'affirme qu'il peut vivre encore quelques années.

Fin de la récréation ?

Nous ne vivons pas dans un monde de bisounours et, avant de vous faire part de nos projets fabuleux, il me faut passer par cet épisode sordide.

Les propriétaires des locaux, dont l'épouse, Lydia, est professeure de mathématiques et de sciences dans notre école, désirent aller vivre dans une ferme du sud-ouest. Pour s'installer, ils ont besoin de vendre leur bien et nous le proposent à l'achat.

Le problème est que les travaux à réaliser sont d'importance. En admettant que nous obtenions un prêt immobilier, nous ne pourrons pas emprunter les fonds pour les réparations. D'ailleurs, notre notaire insiste auprès des vendeurs sur le fait qu'ils doivent faire réparer le toit et les murs. Ils refusent et la tension s'installe.

Or, il est difficile de vendre l'ensemble occupé par les locataires que nous sommes, une école avec des chats. De plus, étant installés dans une zone artisanale, ils ne peuvent céder séparément leur maison et les locaux attenants que nous occupons.

C'est ce moment que choisit notre comptable, Jocelyne, pour raconter un gros mensonge aux enseignants, dont Lydia, en déjeunant avec eux. Est-ce parce que je suis alors au chevet de l'Ours hospitalisé ? Elle annonce à mes collaborateurs que j'ai dilapidé en deux mois près de sept mille euros en publicité sur Facebook pour Candide. Le bilan du cabinet de l'expert-comptable prouve que je n'ai dépensé que deux mille euros et sur une année complète. Malgré la preuve apportée, la polémique est partie et l'inévitable arrive.

L'école est finie ?

À Candide, nous sommes amis avec tous les membres de notre personnel. Cependant, à cause de nos absences au chevet de mon père, nous ne sommes quasiment plus là.

Fin novembre, Damien, notre homme à tout faire, sonne chez Céline pour l'informer que la veille, en notre absence, une réunion a été improvisée entre les professeurs et qu'ils sont en train de monter un complot contre nous deux. Le monde s'écroule un peu plus et, le lendemain, un jeudi, nous provoquons à notre tour, Céline et moi, une réunion avec les enseignants pour savoir comment on peut passer de sentiments d'amitié à une telle situation. Il m'est reproché au cours de cette réunion de maltraiter les élèves. C'est Lydia qui répand ce mensonge, parce qu'elle ne peut pas vendre ses bâtiments sans avoir assumé les réparations tant que nous sommes là. Elle doit absolument nous faire quitter les lieux.

Elle entraîne ses collègues, qui se mettent à déplorer le fait que je ne les encourage plus ces dernières semaines. Comment le pourrais-je en ce moment ? Je leur explique que je suis au chevet de mon père qui a tant besoin de moi. Lydia répond qu'elle s'en moque, car « on a tous nos problèmes ».

L'un d'entre eux, Mathieu, dont la période d'essai du CDI se termine précisément le lendemain, m'agresse verbalement et me menace physiquement. N'en pouvant plus, je lui annonce la décision subite que je prends : il est congédié séance tenante. Entre nous, est-ce judicieux d'attaquer sa directrice la veille de la fin de sa période d'essai ?

Le lundi suivant, en espérant que les esprits se soient un peu calmés, nous organisons une nouvelle réunion pour mettre à plat ce qui ne va pas et avancer de nouveau ensemble. Martine demande si elle peut enregistrer. Aucun souci. Céline et moi leur proposons d'écrire au tableau les divers griefs pour trouver une solution. Les enseignants ne répondent pas. Pas un mot n'est dit, prononcé, proposé. Rien. Ils se sont mis d'accord pour être mutiques, à part cette demande d'enregistrement. Nous mettons fin à la séance.

Le lendemain, pendant que des professeurs vont parler à Céline pour la convaincre de me virer — comment le pourrait-elle ? —, d'autres viennent me demander de la... virer et de reprendre Mathieu. Ils sont devenus fous ! Ils se mettent tous en maladie les uns après les autres perturbant ainsi le fonctionnement du groupe scolaire. Et je dors toujours moins de quatre heures par nuit quand mon père est à la maison. Je suis épuisée.

Jean est scandalisé par le comportement de ceux qui venaient encore chez nous la veille prendre un verre et se relaxer. Il ne veut plus les voir. Mon administration me conseille de créer des rapports d'incident à chaque insubordination et de donner des avertissements aux enseignants qui commencent à appeler les familles. Je le fais et le premier licenciement tombe pour Martine, qui va beaucoup trop loin. Tour à tour, les professeurs viennent nous demander une rupture conventionnelle et sommes obligés de refuser, car ils réclament la somme de 8 000, voire 12 000 € chacun. Ils savent que c'est impossible. Alors, leur complot prend une autre forme : Lydia et Mehdi décident de harceler les parents chaque soir en les appelant directement. Ils complètent par l'envoi de mails les poussant à retirer leur enfant en urgence, parce qu'il y est maltraité. Pendant ce temps, Martine et Sophie organisent des réunions clandestines afin de convaincre les familles de changer d'école. Bref, les enseignants apparemment si heureux il y a encore quelques semaines décident de couper la branche sur laquelle ils sont assis. L'instant d'avant, ils clamaient encore leur bonheur de travailler à Candide dans une si bonne ambiance.

La gendarmerie m'invite à porter plainte, mais je ne suis pas procédurière. Après le licenciement de Martine, nous embauchons temporairement et en urgence une personne pour la remplacer. J'explique aux élèves que Martine ne reviendra pas, mais que leurs cours ne seront pas interrompus. Or, des jeunes viennent vite se plaindre que Mehdi ne leur fait plus cours de maths du tout. Il est agressif avec eux et ils en ont peur ; il leur assure que Martine va revenir et que je ne suis qu'une menteuse. Deuxième licenciement. Que faire d'autre ? Nous sommes une école et les programmes doivent être enseignés. Lydia se met en longue maladie et part organiser son futur dans le sud-ouest. Heureusement, nous avons dans l'établissement une jeune fille en stage de Master II, Salomé, qui prend le relais. Peu de temps après, Jocelyne est licenciée à son tour pour grave insubordination et refus de travailler.

En janvier, lorsque quelques élèves nous quittent parce que leurs parents trempent dans les calomnies des personnes licenciées ou encore en place, nous organisons une réunion avec eux. Une trentaine de familles nous apportent un soutien indéfectible. Certaines d'entre elles se feront d'ailleurs agresser par d'autres qui placent leur confiance dans les complotistes. Alors, ces membres du personnel obtiennent un rendez-vous avec un inspecteur de l'Éducation nationale et lui expliquent à quel point je « maltraite » les élèves. L'État décide de nous rendre une visite surprise : deux inspecteurs de l'Éducation nationale arrivent accompagnés de représentants de la sécurité incendie, de deux fourgons de gendarmes et d'un inspecteur du travail. Ils ne trouvent rien à nous reprocher, tout est en ordre.

Derniers soubresauts

Mon père décède le 20 janvier 2019. C'est un océan d'amour qui se retire. Je ne lutte plus guère pour Candide, car les histoires sordides n'ont pas de place dans mon cerveau, tant je suis dévastée par son départ. Je ne regrette pas de l'avoir privilégié, même au risque de fâcher les enseignants, car je discute et ris de tout et de rien avec lui jusqu'à la veille de son décès. Il me conseille d'ailleurs de fermer le groupe scolaire et d'utiliser ainsi mon énergie à meilleur escient. Il est profondément écœuré par l'attitude de l'équipe dont il se sentait proche.

La gendarmerie me conseille de porter plainte une nouvelle fois. J'accepte. L'officier m'explique que l'enquête sera longue, car elle se conduira à charge et à décharge. C'est normal. Des centaines d'élèves et de parents seront entendus. Lydia, obligée de revenir pour sa convocation, ira jusqu'à affirmer avec son mari, Farid, que j'ai pratiqué des attouchements sur leurs enfants… Je leur ai ébouriffé les cheveux. Malgré le ridicule de leur déclaration, je suis choquée que l'on m'accuse de pédophilie.

AUCUNE INSTITUTION ne nous intime l'ordre de fermer l'école, contrairement à ce que les enseignants déclarent aux parents en les incitant à répandre la rumeur. L'Éducation nationale rédige même un rapport favorable, les gendarmes également. Je prends néanmoins la décision de ne pas ruiner un peu plus ma santé, déjà chancelante et affectée par le départ de mon père, d'autant plus que Céline et moi avons d'autres projets « impossibles » à mettre en place. Nous travaillons beaucoup trop pour l'école. Et je rappelle, en passant, que je me donne sans compter durant ces soixante-dix heures hebdomadaires de bénévolat.

Ainsi, j'annonce la fermeture de l'établissement pour le 29 mars. Nous demandons le placement de l'association en liquidation judiciaire, laquelle est acceptée par le juge. Notre effectif est passé de soixante-quinze élèves à une trentaine, ce n'est plus viable.

L'enquête est diligentée pendant plus d'un an et demi et je suis lavée de tout soupçon. Il en ressort que je n'ai jamais été maltraitante ni pédophile. Je le savais bien.

Cependant, je reste meurtrie pour les élèves qui ont dû intégrer un autre établissement, alors qu'ils étaient si épanouis chez nous. En 2021, nous recevons toujours des messages de parents relatant que leur enfant regrette encore Candide, plus de deux ans après sa fermeture. Et ces messages arrivent aussi de familles qui regrettent d'avoir cru les enseignants malveillants.

Toutefois, rien n'arrive par hasard. Notre chemin est tracé. Nous nous envolons alors pour d'autres missions.

Sorties hexagonales et au-delà

Début mars 2018, Frédérique Poret de France 3 Paca nous contacte pour la réalisation d'un reportage sur notre pédagogie si innovante. Ce dernier est repris par toutes les rédactions régionales de France. En quelques mois, tous les regards se tournent vers ce que les médias appellent « l'école des chats ». Nous recevons les visites successives de TF1, France 2, France 5, M6, BFM TV et de nombreuses revues nationales nous accordent des articles, telles que *Miaou*, *Mon chat* ou encore *Happinez*. Des journaux nationaux comme *Le Parisien* nous consacrent des interviews, qui nous aident aussi dans la diffusion de cette pédagogie. Je ne peux pas énumérer toutes les télévisions, les radios, les journaux, les sites internet qui nous soutiennent, mais Candide continue à être pris en exemple sur tous les continents, d'autant plus que des médias étrangers commencent à s'intéresser aussi à cette façon originale de travailler à l'école avec des chats[16].

16. Vous trouverez cette liste infinie et qui ne cesse de s'allonger sur notre site officiel : www.candideinternational.com.

À la suite de cette médiatisation, nous présentons notre démarche à l'ONU et donnons des conférences internationales, ce que nous faisons encore aujourd'hui, malgré les contraintes sanitaires.

Vers l'ouverture des consciences

Je souhaite que le plus grand nombre de personnes comprennent tout ce que l'animal peut nous apporter. Nous devons prendre conscience de la richesse de vivre avec un compagnon comme un chat, un cheval ou un éléphant. Peu importe son espèce ! Pourquoi ? Pensez-vous qu'il soit normal que, lorsqu'on demande à un enfant de dessiner un poisson, il arbore fièrement un rectangle représentant un poisson pané ? Nous sommes déconnectés de nos racines. Il est temps de nous intéresser à tout ce que les animaux peuvent nous aider à mieux comprendre. Notre monde, en plein bouleversement sociétal, mais aussi environnemental, mène chacun de ses habitants à sa perte. Les animaux nous fournissent sur un plateau des millions d'exemples de solidarité, de sagesse et de sens de l'adaptation, ce dernier étant pour moi une des plus grandes formes d'intelligence. Comme le cite Yolaine de la Bigne dans son livre *Les douze sagesses des animaux*[17] :

> Le loup est le meilleur papa de la nature, la fourmi est un modèle pour gérer les équipes d'une entreprise, le chat est un maître Zen, le cheval devine notre état d'esprit en nous regardant marcher, l'oiseau sait que, parfois, il vaut mieux lâcher prise pour gagner.

L'Homme, emmuré dans la société actuelle du « toujours plus sur le plan matériel » a perdu son bon sens. Quant aux animaux, ce n'est pas parce qu'ils ne parlent pas qu'ils ne disent rien. Le monde doit évoluer dans sa philosophie et sa manière de penser en les aimant,

17. *Les 12 sagesses des animaux*, Yolaine de la Bigne, Leduc.S, 2019.

tout comme les arbres, les plantes, la Nature en général. En les aimant, certes, mais en les observant et... en les écoutant.

Si je tiens à sensibiliser à tout ce que l'animal peut apporter à l'homme, c'est encore plus urgent auprès des enfants, car ils développeront ce devoir de respect leur vie entière. Et c'est à eux que nous sommes en train de léguer une terre bientôt invivable, alors que la Nature nous supplie de faire attention à son appel. L'Homme serait-il assez bête pour ne pas s'intéresser à l'intelligence de l'animal ?

L'ONG Candide International

Dès avril 2019, Céline et moi créons l'association à but non lucratif Candide International, une ONG qui œuvre auprès de l'Unesco[18]. Notre vocation est de créer des écoles Candide au sein de réserves ou de sanctuaires animaliers dans les pays les plus nécessiteux. Outre l'enseignement de haute qualité en culture générale, l'idée est d'appliquer la méthode Candide associée à la ronronthérapie non plus uniquement avec des chats, mais, selon le pays d'accueil, avec d'autres animaux, parfois même sauvages. Bien entendu, les lions ne déambulent pas en liberté dans les salles de classe pour venir se faire caresser. Intégrer nos écoles à des réserves, c'est permettre à l'élève d'apprendre au contact de l'animal dans et hors de sa classe. Contrairement à ce que l'on pourrait croire, dans ces pays où la faune sauvage est omniprésente, les enfants en ont peu de connaissances.

En collaboration avec les partenaires locaux concernés par cette démarche, nous sensibilisons les jeunes à leur environnement. Plus ils sont instruits en harmonie avec la Nature, plus ils prennent conscience que le biotope est un atout pour leur propre développement.

---

18. UNESCO : Organisation des Nations Unies pour l'éducation, la science et la culture.

Si l'Éducation nationale française est relativement fermée au fait d'introduire l'animal dans une école, notre projet est accueilli avec enthousiasme en Afrique de l'Ouest. C'est ainsi que nous ouvrirons la première école pilote nommée « École Candide dans la savane ». Elle se situe dans le parc du W, au nord du Bénin. En partenariat avec le ministère des Enseignements maternel et primaire, le ministère de l'Environnement, la direction de l'agence du Parc et la coopération de l'INFRE[19], dont le directeur est Pierre Chanou, il y aura donc des chats dans toutes les classes.

Nous avons conçu un module spécifique intégré aux enseignements obligatoires. Il comprend une partie théorique sur la connaissance des animaux du parc et une partie pratique, avec l'aide d'un guide, pour les observer au sein de la réserve.

Par ailleurs, ce projet est également en cours d'étude au Togo, avec l'appui de l'association togolaise « Regard sur demain ». Dzidzonu Tsevi est notre partenaire privilégié pour la construction de cette « École Candide dans la savane ».

Pour ces deux établissements, un test de niveau sera effectué par les ministères de l'Éducation auprès de chaque élève à son entrée et à sa sortie, afin de mesurer les effets de la pédagogie Candide sur sa progression scolaire.

Enfin, je vais remonter sur scène. Un ami metteur en scène désirant garder l'anonymat pour l'instant est en train de monter notre spectacle. Il parlera de ma vie, afin d'en rire. Plusieurs personnes proposent un documentaire sur ma belle résilience et une fiction tirée de faits réels sera peut-être réalisée.

Tous les droits d'auteur seront versés sur le compte de l'ONG Candide International, afin que nous puissions aider de plus en plus d'enfants et leur apprendre à aimer le monde merveilleux des animaux.

---

19. INFRE : Institut national pour la formation et la recherche en éducation.

Chapitre 25

Merci la vie !

« Faites de votre enfant un élève heureux. »
C'est avec cette devise que j'ai créé Candide. En tant que présidente de l'Association éducative et culturelle Candide et directrice générale de l'établissement, j'ai su redonner du sens au métier d'enseignant à un personnel qui n'attendait que cela, du moins pendant plus de six ans. Quant aux chats, ils n'ont connu que l'amour et le partageaient chaque jour avec nous.

Je ne suis pas scientifique et ne prétends pas avoir trouvé la solution pour que les élèves se sentent tous heureux d'apprendre. J'ai simplement constaté que les parents, les enseignants et tous ceux qui se rendaient chez nous ressentaient du bien-être en franchissant notre porte. Alors, la science, ses preuves et l'incessante quête de la vérité et de la raison ? Moi, je me contente d'observer la vie avec enthousiasme grâce à cette merveilleuse expérience à Candide.

Pour moi, cet animal conservera toujours cette aura mystérieuse qui fait de lui un être si particulier. J'en suis heureuse, parce que je sais que l'avenir me réserve encore d'intenses joies et découvertes avec ceux qui m'ont sauvé la vie et quasiment sauvé de l'inculture et des petits boulots sans lendemain un très grand nombre d'élèves. Quand un humain ouvre son cœur, enfant ou adulte, et qu'il partage ses sentiments, les autres le ressentent aussi. Alors apprendre, en plus avec des chats, offre des vertus incontestables d'empathie et dans les liens sociaux.

La dame en noir a disparu

Ma chère génitrice, il m'aura fallu vivre cette expérience de Candide pour te pardonner. Le pardon est là, précisément pour pardonner ce que nulle excuse ne saurait excuser. Au contraire, il faut se souvenir de l'offense pour pardonner. À l'inverse de la vengeance, qui refuse l'oubli pour inscrire éternellement une dette de haine, le pardon nous en délivre, nous libère d'un passé qui n'arrive pas à passer. D'où son utilité pour chacun tout au long de la vie. Pardonner, ce n'est pas valider ni excuser. Ce n'est pas prétendre que tout va bien et serrer les dents. Ce n'est pas une faveur que nous accordons et encore moins une autorisation à recommencer. Ici, ce qui compte, c'est de pardonner pour soi, afin de pouvoir être heureux. En pardonnant pour moi, le bonheur qui m'envahit atteint son paroxysme.

Car enfin, Madame ma mère, sans votre méchanceté et votre haine, je n'aurais jamais dialogué avec les chats pendant mon enfance sauvage, puis toute une vie. Beaucoup n'ont pas eu mon malheur ni ma chance.

Espèces de communication

Aujourd'hui, j'ai retrouvé et même amélioré cette faculté de dialoguer avec les chats. Ce sont de vraies discussions intuitives qui m'amènent à les comprendre et même à résoudre avec eux des soucis de leur vie quotidienne. Est-ce de la médiumnité ou de la télépathie ? En tous cas, il s'agit d'une communication spirituelle, mais non religieuse, entre deux esprits. Dans mon expérience, il suffit que je me branche sur la fréquence du chat pour communiquer. Chacun a sa manière de pratiquer. Moi, je me détends totalement : je vide entièrement mes poumons, ce qui a pour effet immédiat de ralentir les battements de mon cœur. Puis j'inspire lentement par le ventre et expire lentement trois fois en une minute. Ma respiration s'harmonise avec mon rythme cardiaque. J'ajuste ainsi le canal qui me permet de passer ou d'affiner la perception, comme on le fait sur un poste de radio. Il y a un temps d'adaptation pour s'accorder tous les deux à la même fréquence, la même énergie puisque l'on sait que la pensée, c'est de l'énergie.

En voici un exemple : lorsque je quitte Candide en ce printemps 2019, j'emmène Nala avec moi, puisque quelques familles ont pris sous leur aile bienveillante les quatorze chats restants. Nala vient s'installer avec moi et les quatre matous qui partagent déjà ma vie privée. Or, elle n'y est pas heureuse. Je lui demande ce qui se passe. Voilà le résultat de notre communication « télépathique » :

— J'ai été séparée trop tôt de ma mère, puis très vite de ma sœur, Duchesse. On a déménagé et Candide me manque. Maintenant, je ne sais plus à quoi je suis utile et comme je suis la seule femelle de la maison, les mâles m'ennuient beaucoup. J'ai peur du chat clair et je voudrais une pièce pour moi toute seule.

Je la rassure et n'en reviens pas que Candide puisse lui manquer. J'en parle à mon adorable chat roux (le clair auquel Nala fait référence) et lui demande d'accepter cette petite chatte plutôt que de l'effrayer à chaque fois qu'il en a l'occasion. Je dialogue également avec les trois autres mâles pour leur expliquer qu'ils doivent accepter Nala, parce que, comme eux, elle est emplie d'amour. Enfin, j'explique à cette belle panthère noire miniature qu'elle pourra dormir dans ma chambre, elle toute seule.

Après un court passage durant lequel c'est le « clair » qui a peur de l'autorité désormais affirmée de Nala, l'ambiance est aujourd'hui paisible entre nos cinq chats.

Je suis comblée et j'ai l'intention d'en faire profiter mon entourage autant pour la pédagogie Candide que dans ma vie privée. C'est ma manière de lutter contre la maltraitance des enfants et des animaux.

La vie est longue, la mort rapide et le monde magnifique. Je n'oublie jamais que j'ai le devoir d'être heureuse pour tous ceux qui m'entourent et je m'entraîne avec bonheur chaque jour. J'aime la vie et tous les êtres vivants de notre planète. Nala ronronne contre moi sur le canapé. Elle aussi vous remercie d'être venus faire un tour chez nous.

Épilogue

Cinquante ans plus tard

Nous sommes mi-février 2021. Je suis à Nancy pour deux jours. Céline m'a amicalement proposé une nouvelle fois de m'accompagner. Je ne préviens personne, à part la seule sœur qui me reste, Catherine. L'hiver tient fermement la Lorraine dans ses griffes. Les arbres tendent leurs ramures dénudées vers le ciel, le givre matinal couvre encore la terre et les potagers des Nancéiens paraissent endormis. Il n'y reste plus que quelques choux ébouriffés et, sous la couche blanche, le sol semble dur comme la pierre. Fidèle à sa réputation, le mois de février est rigoureux.

Notre but est de revoir cette fameuse cave, ma chambre d'antan. Personne dans l'immeuble ne répond à l'interphone lorsque nous sonnons. Sur le point de repartir, un homme dans la rue nous demande pour quelle raison nous désirons entrer dans le bâtiment. Nous apprenons qu'il est le propriétaire du troisième étage. Avant de lui répondre, nous lui faisons remarquer que les lucarnes des caves sont maintenant vitrées. Et un sourire complice se dessine sur nos lèvres à Céline et moi, car sa réponse est la suivante :

— Nous avons installé des vitres voici cinq ans, car des chats entraient sans arrêt dans les caves.

Puis nous lui expliquons qu'une de ces caves était ma chambre. Ému par les bribes de mon histoire à peine échangées, il nous ouvre la porte de l'immeuble et nous permet de pénétrer au sous-sol. Malgré les inévitables outrages du temps, je reconnais parfaitement le couloir de la mort. Fait extraordinaire, la porte en claire-voie est ouverte et, à part un vieux vélo adossé contre le mur, rien n'a changé ! Absolument rien. Saisie, je suis à nouveau cette petite fille qui dormait là. Lorsque je montre à cet homme et à Céline où se trouvait le tas de charbon, c'est-à-dire mon lit, une idée fugace qui ne s'installe que le temps d'une zeptoseconde me choque tant elle est concrète, présente : j'ai tout à coup envie de prendre dans mes bras cette enfant que je visualise clairement, pour l'emmener.

Nous repartons. En ville, les rues sont couvertes de neige fondue et de grésil, et les trottoirs d'une mixture compacte et verglacée traîtresse. Ceux qui s'aventurent dehors portent de grosses bottes et marchent à petits pas. Je suis heureuse.

J'ai envie de transmettre un message à tous ceux qui souffrent ou ont souffert : la fatalité est un mot qui devrait être rayé du dictionnaire. Elle n'existe pas. La résilience, c'est transformer l'horreur pour en faire quelque chose de magnifique. J'ai écrit plus haut ce que je pensais de la religion et de ma philosophie. Quand je me retourne sur mon parcours, je comprends ma mission. Aurais-je accompli tout ce travail si je n'avais pas souffert autant en étant enfant ? Non, c'est évident. Si j'avais grandi dans une famille « normale », que j'avais effectué mes études à un âge « normal », que j'avais exercé plus tôt un travail « normal » et rémunérateur, je ne serais pas celle que je suis devenue.

C'est précisément parce que j'ai souffert que j'ai désiré rendre des enfants heureux dans le monde, car l'Afrique n'est que la première étape.

C'est grâce à mes douze ans de scène que je suis capable de m'exprimer devant n'importe quel public, et d'être conférencière afin d'aider mes pairs dans la recherche d'une éducation de qualité, dans la joie et avec l'intelligence animale.

C'est parce que j'ai su reconnaître l'immense talent de Monsieur Serrier que je suis devenue enseignante.

C'est parce que l'étudiante que je fus était déjà une femme mûre que j'ai pu comprendre aussi bien le monde qui nous entoure, que j'ai pu me révolter, me mettre en colère, de cette colère saine, indispensable pour avoir la volonté de changer ce qui ne va pas.

C'est parce que mon père m'a enseigné l'amour et la tendresse que j'ai pu les transmettre moi-même, l'enfant sauvage.

C'est parce que j'ai vécu dans ma cave que j'ai pu faire la connaissance de cette merveilleuse espèce féline.

Si je n'étais pas née dans cette famille, indiscutablement, je ne serais pas celle qui s'apprête à réaliser encore de nombreuses actions auprès de l'ONU, de l'Unesco et dans les pays qui nous invitent pour apporter joie, bonheur et paix dans l'éducation et chez les animaux, domestiques ou sauvages. J'ai encore de nombreuses années devant moi pour mettre mes compétences, mes connaissances, mon enthousiasme et ma joie de vivre au profit des enfants et de la Nature.

Lorsque l'on est capable de donner sans compter, c'est comme si l'on était guidé par une puissance supérieure. On nous place sur des chemins, il suffit d'oser s'y aventurer.

Et puisque nous savons désormais que la fatalité n'existe pas, il nous est interdit de baisser les bras. Au contraire : il faut tout faire pour être heureux, car c'est en étant empli d'amour qu'on peut le distribuer sans limite. L'amour inconditionnel contribue à la réalisation de nos rêves.

Nous sommes de retour à la maison. L'adulescente que je suis et resterai, profondément joyeuse à chaque instant, regarde avec tendresse le Donald en plastique de mon enfance, qui trône sur la cheminée. En effet, Céline m'a fait un jour cette magnifique surprise d'en avoir retrouvé un exemplaire identique à celui que ma mère avait incinéré dans le grand fourneau. Il est là, posé devant moi, et me rend heureuse.

N'oubliez jamais : nous avons le devoir d'être heureux ! C'est une obligation.

La cave, cinquante ans plus tard

La descente vers la cave

Le couloir

La cave vue
de l'intérieur

La cave aujourd'hui,
avec le soupirail par
lequel entraient
les chats

Le soupirail vu de
la rue, aujourd'hui
fermé par une vitre

Annexe

Gosses des rues

La mère est névrosée, le père un peu ivrogne.
Dans leur appartement au deuxième sur cour,
La fin de mois est dure et c'est souvent la grogne,
D'autant qu'ils ont conçu six enfants sans amour.

Ces bouches à nourrir, ils n'en ont pas besoin.
Ça les rend agressifs et injustes, les vieux :
C'est bien vrai qu'à eux deux, ils s'en sortiraient mieux
Et joueraient leur tiercé au PMU du coin !

Ça vous crève les yeux, c'est faute à cette engeance
Si depuis dix années, on n'part pas en vacances.
Le salaire est petit, même avec les allocs
Et tant pis si la môme a un trou à son froc !

Pour un oui, pour un non, c'est la paire de taloches
Et les cris de la mère injuriant les pauvres mioches.
Mais ça, c'est du banal : quand la mère est en rogne,
Il faut voir la vigueur avec laquelle elle cogne !

Les voisins ont trop peur de se mêler du cas :
La misère d'autrui ne les regarde pas.
Ils donnent des bonbons aux petits, en cachette
Et attendent encore le grand merci qu'ils quêtent !

Pourtant, un beau matin, une lettre anonyme
Amène une assistante au logis des victimes.
« Es-tu heureuse, gamine ? » demande la Madame.

Si elle répondait « non », cela ferait un drame.
Sa mère est là tout près qui attend la réponse…
Alors elle a dit « oui » en ravalant ses larmes.
La mégère a souri de cette vaine alarme,
La dame est repartie après quelques semonces…

Et l'enfer recommence au foyer désuni :
Des nouilles à midi et le soir des patates.
« Tu vas avaler ça où tu seras punie ! »
Des coups, encore des coups. C'est pourtant bon les pâtes !

Elle a dit « Fous-moi l'camp ! » et la gosse est partie.
Elle arpente la rue à cette heure déserte…
Que c'est bon une rue quand elle vous est offerte
Pour ruminer tranquille et un peu à l'abri…

La voilà qui s'assied sur le bord du trottoir.
Une voiture passe, un monsieur qu'elle connaît ;
Un signe de la main, un sourire, elle renaît !
Le ciel est d'un beau bleu et il est loin, le soir…

Elle repart à pas lents et trouve un peu d'oubli ;
Jamais elle n'a confié à ses rares amis
Combien elle se sent seule et combien ça l'oppresse ;
Les enfants trop battus ont peur… même des caresses !

Michèle Bourton

Remerciements

Merci à nos merveilleux félins et à tous les animaux du monde.

Merci à ma génitrice de m'avoir donné la vie. C'est grâce à ton personnage que j'exerce mon devoir de distribuer le bonheur autour de moi.

Merci aux « gosses des rues », vous restez accrochés à tous mes souvenirs, sales et grandioses de misère. Timides, chancelants, farouches, suppliants et beaux. Vous n'êtes morts ni de faim, ni de froid, ni de pauvreté, ni de doute, ni de désespoir, ni de honte, mais de tout cela à la fois. J'espère que de là où vous êtes, vous savez que nous n'avons pas subi cette misère pour rien.

Merci à tous mes élèves présents et ceux qui se sont envolés après leur réussite au brevet des collèges ou au baccalauréat, pour m'avoir donné tant de félicité. Et ça continue ! Merci à tous mes apprenants adultes auxquels j'ai eu l'honneur d'enseigner la culture générale pour leur préparation aux concours de l'administration. Nous avons tant ri et, pourtant, vous avez réussi !

Merci à toute mon équipe de Candide, et en particulier à :

– Maria Jarcellat, grande amie qui non seulement m'a soutenue en raison de mon handicap à la maison, mais aussi bénévolement à Candide, sans relâche ;

– Alain Aubrespin, notre conseiller pédagogique qui possède un cœur si grand qu'il peut accueillir toute l'humanité et tous les animaux du monde ;

– Salomé Serta, Ivana, Nicole qui nous ont tant apporté à Candide.

Vous avez un cœur tellement gros qu'il vous faut faire attention… il pourrait éclater ! Je vous aime fort.

Merci à la gendarmerie de L'Isle-sur-la Sorgue pour sa compétence.

Merci à JL et Cl d'avoir eu, mes merveilleux amis, le courage de lire et relire mon manuscrit plusieurs fois. Merci pour votre soutien indéfectible et votre patience. Et merci au metteur en scène que tu es, JL, d'avoir monté le spectacle « Mon Ours et mes chats », que nous donnerons à partir de 2022 dans toute la France. J'ai bien peur que ton anonymat ne soit pas respecté, car ton nom sera sur les affiches en tant que « Mis en scène par… » Un talent pareil, je ne le cacherai pas !

Merci à François Serrier, car si vous n'aviez pas été un si grand pédagogue, je ne serais jamais entrée moi-même dans la formation et l'enseignement. Quel parcours de vie vous m'avez offert ! C'est grâce à vous que j'enseigne toujours avec humanité, humilité et humour. Vous avez été une rencontre extraordinaire bien avant que je ne m'en rende compte moi-même. Un virage à angle droit… sans jeu de mots !

Merci à tous les médias qui ont permis à la « Pédagogie innovante Candide liée à la ronronthérapie » de se faire connaître au plus grand nombre et qui continuent à nous soutenir pour rendre enfants, adultes et animaux heureux… en Afrique, pour l'instant.

Et particulièrement merci à Céline Brusa qui non seulement a réalisé un travail formidable en tant que directrice adjointe à Candide pendant presque sept ans, mais qui ensuite m'a portée à bout de bras dans les moments de désespoir avec une amitié et un courage inouïs pour que je ne sombre pas début 2019. Je vis et suis heureuse ! Je suis fière de la Présidente de l'ONG Candide Internationale ! Je suis tellement comblée à l'idée de tout ce qui nous attend… les conférences internationales, l'écriture des livres pour l'Afrique, la création d'une école Candide au Bénin et peut-être au Togo, ta participation dans les documentaires à venir, dans les spectacles au profit de notre ONG, la grande maison que nous partageons avec des fous rires qui raisonnent chaque jour, bref l'extase, petite sœur de cœur. Merci de m'avoir aidée à appliquer toutes les corrections de ce livre quand je n'en pouvais plus de revenir, pourtant très temporairement, sur une jeunesse synonyme de calvaire.

Merci à Bénédicte Fumey de m'avoir dirigée vers Patrick Pasin, mon éditeur.

Merci à lui, merveilleuse personne qui a refusé que j'en mette plus… mais je n'en pense pas moins.

Et MERCI à toi, Jean, mon père, mon « Ours » d'avoir su m'aimer et « réviser » mon éducation avec tant de rires, d'intelligence et d'amour durant quarante-quatre années de pur bonheur intellectuel et émotionnel.

Grâce à vous tous, j'ai conscience de vivre un bonheur presque « écœurant » tant il est immense. J'ai réellement une chance formidable dans cette vie.

Donald et Nala

www.candideinternational.com

Aquarelle de Jacques Williet

Table des matières

CET OUVRAGE A ÉTÉ ACHEVÉ D'IMPRIMER
SUR ROTO-PAGE
PAR L'IMPRIMERIE FLOCH À MAYENNE
EN MAI 2021

N° d'impression : 98341
Imprimé en France